DEUTSCHER MUSEUMS BUND

# schule@museum – Eine Handreichung für die Zusammenarbeit



BDK

Bundesverband Museumspädagogik e.V.

bpb: Bundeszentrale für politische Bildung

Stiftung Mercator

schule@museum

## Impressum

schule@museum – Eine Handreichung für die Zusammenarbeit
Herausgeber: Deutscher Museumsbund e.V. gemeinsam mit BDK – Fachverband für Kunstpädagogik, Bundesverband Museumspädagogik, Bundeszentrale für politische Bildung, Stiftung Mercator

Autor/innen: Sabine Dengel, Monika Dreykorn, Petra Grüne, Anja Hirsch, Hannelore Kunz-Ott, Vera Neukirchen, Laura Oehms, Ernst Wagner

Abbildungen: S. 10: Lindenau-Museum Altenburg, S. 35: Fotograf: Matthias Wild, Kaufbeuren, S. 59 Pommersches Landesmuseum Greifswald/Fotografin: Melanie Wilkens

Gestaltung: blum DESIGN & KOMMUNIKATION GmbH, Hamburg

Druck: Druckerei Boxan, Kassel

Titelfoto: Pommersches Landesmuseum Greifswald, Fotografin: Melanie Wilkens

Gefördert mit freundlicher Unterstützung der Stiftung Mercator, Essen



ISBN 978-3-9811983-8-6

## Inhalt

4 Vorwort

7 **Einführung**

14 **Die Institutionen: Das verbindet und das unterscheidet sie.**
14 1. Museum und Schule: Idealtypische Vereinfachungen
16 2. Checklisten
20 3. Links
21 4. Good Practice

24 **Rahmenbedingungen: Das braucht es für eine gelungene Kooperation.**
24 1. Organisatorische und strukturelle Rahmenbedingungen
30 2. Eine Kooperationsvereinbarung als Fundament der Zusammenarbeit
35 3. Links und Literatur
36 4. Good Practice

40 **Die Praxis: So geht Kooperation.**
40 1. Projekte und ihre Planung
43 2. Kooperations-Formate
44 3. Methoden
46 4. Endprodukte gemeinsamer Projektarbeit
47 5. Links und Literatur
48 6. Good Practice

52 **Qualitätsmerkmale: Darauf kommt es an.**
52 1. Qualitätsmerkmale
59 2. Links und Literatur
60 3. Good Practice

64 **Forderungen**

## Vorwort

Kulturelle Bildung ist ein unverzichtbarer Bestandteil unseres Bildungssystems, da sie nach Artikel 22 der Allgemeinen Erklärung der Menschenrechte durch die UNESCO „für die Würde des Menschen und für die freie Entwicklung seiner Persönlichkeit unentbehrlich“[1] ist. Doch die Realität sieht anders aus, kulturelle Bildung ist im schulischen Alltag noch nicht flächendeckend vertreten. Aber auch die Kulturinstitutionen bieten Schulen zu wenige altersgerechte Programme. Kulturelle Bildung ist sowohl im Schulalltag als auch in Museen zu wenig verankert.

Hier setzt die Initiative schule@museum an. In acht Jahren – von 2004 bis 2011 – ist es ihr gelungen, ein starkes Netzwerk mit verschiedenen Partnern zu bilden, mit dem gemeinsamen Ziel, Schülerinnen und Schülern langfristig den Zugang zu Museen zu ermöglichen und ihnen damit neue Perspektiven auf sich und die Welt, die sie umgibt, zu ermöglichen.

Mit dieser Publikation benennen wir Grundlagen für die Kooperation von zwei Institutionen, die nicht unterschiedlicher sein könnten und doch das Potenzial haben, sich vortrefflich zu ergänzen. Dabei geht es um die potenzielle Zusammenarbeit von nicht weniger als knapp 35.000 Schulen und über 6.000 Museen in Deutschland.

Am Beginn stand der Wunsch der drei Interessensverbände, des BDK-Fachverbands für Kunstpädagogik, des Bundesverbands Museumspädagogik sowie des Deutschen Museumsbunds, Kooperationen zwischen Schulen und Museen zu stärken, zu fördern bzw. zu initiieren. An ihre Seite stellten sich weitere Institutionen – anfänglich die PWC-Stiftung, die Kulturstiftung der Länder sowie die Robert Bosch Stiftung, dann die Bundeszentrale für politische Bildung und die Stiftung Mercator – und unterstützten die Initiative ideell und finanziell. Damit konnten Kooperationen zwischen Schulen und Museen über viele Jahre hinweg ermöglicht werden.

Folgende Bildungsziele und Parameter standen bei schule@museum im Mittelpunkt des Interesses:

- Auf der einen Seite Schülerinnen und Schüler an Kunst und Kultur in Museen heranzuführen und gesellschaftlich integrierend zu wirken, auf der anderen Seite Museen zu sensibilisieren und zu öffnen für die sozialen und kulturellen Bedürfnisse der heranwachsenden Generation und einer zunehmend migrantisch geprägten Gesellschaft.
- Den Diskurs gesellschaftlich und politisch relevanter Themen zu befördern: Eine neue Interpretation des kulturellen Erbes durch Kinder und Jugendliche sowie Bezüge zu ihrer eigenen Herkunft, Gegenwart und Zukunft zu ermöglichen.
- Teilhabe zu ermöglichen durch kulturbezogene Kommunikation sowie kreative Lern- und Bildungsprozesse.
- Gesellschaftliche Kompetenz und Persönlichkeitsbildung mittels kultureller und politischer Bildung zu stärken.
- Unterschiedliche Schulformen und -typen zu erreichen.
- Die Entwicklung innovativer Modelle für verschiedenartige, langfristige und nachhaltige Kooperationen zwischen Schulen und Museen voranzubringen.

Um diese Ziele zu realisieren, sahen und sehen wir die Zusammenarbeit von Schulen und Museen als wichtigen Schritt, deren Potenzial noch lange nicht ausgereizt ist: Denn nur in der Schule sind alle Kinder und Jugendlichen unserer Gesellschaft nachhaltig zu erreichen.

Die vorliegende Handreichung baut sowohl auf Erkenntnissen bereits vorhandener Publikationen zum Thema Kultur und Schule auf als auch auf den Erfahrungen aus verschiedenen Modellphasen von schule@museum, insbesondere der vorläufig letzten Projektphase „Bildungspartnerschaften gestalten 2009–2011". Bei den teilnehmenden Schulen und Museen in den verschiedenen Bundesländern möchten wir uns herzlich dafür bedanken, dass sie sich in „Tandems" zusammengefunden und in der Projektlaufzeit von 2009 bis 2011 verschiedene Kooperationsformen für eine langfristige Zusammenarbeit zwischen Schule und Museum miteinander erprobt haben. Dabei standen sie mit uns im intensiven Austausch und haben unsere Initiative mit ihren Ideen wesentlich bereichert.

Das Netzwerk schule@museum ist wiederum Teil eines größeren Netzwerkes, von „Kinder zum Olymp! Die Bildungsinitiative der Kulturstiftung der Länder".

Unser Dank gilt seinen Initiatoren, die Querverbindungen zwischen allen Kultursparten geschaffen haben und seit vielen Jahren durch Kongresse, Publikationen und Treffen sowie durch die jährlichen Wettbewerbe einen lebhaften Diskurs zum Thema der kulturellen Bildung befördern.

Die Kooperation schule@museum wäre nicht möglich gewesen ohne das langjährige Engagement der Vertreter und Vertreterinnen der Verbände, die das Projekt intensiv begleitet haben: Dr. Ernst Wagner für den BDK – Fachverband für Kunstpädagogik, Dr. Hannelore Kunz-Ott für den Bundesverband Museumspädagogik, Vera Neukirchen für den Deutschen Museumsbund sowie die inhaltliche Beteiligung der Verantwortlichen bei den Partnerinstitutionen: Dr. Sabine Dengel, Anja Hirsch und Milena Mushak von der Bundeszentrale für politische Bildung sowie Anorthe Kremers und Laura Oehms von der Stiftung Mercator. Erfolgreich durchgeführt werden konnte das Gesamtprojekt nur durch die perfekte Koordinierung: Unser besonders herzlicher Dank gilt dem großen Engagement und unermüdlichen Einsatz der langjährigen Projektkoordinatorin Monika Dreykorn sowie – in ihrer Vertretung – Doris Hefner.

Wir freuen uns, Ihnen mit dieser Handreichung die gebündelten Erkenntnisse des Gemeinschaftsprojektes schule@museum vorlegen zu können, und hoffen, Ihnen nützliche Hinweise für Ihre Schule-Museum-Kooperation und eine praktisch anwendbare Hilfestellung an die Hand zu geben.

Dr. Ernst Wagner
BDK – Fachverband für Kunstpädagogik

Anja Hoffmann
Vorsitzende Bundesverband Museumspädagogik

Thomas Krüger
Präsident Bundeszentrale für politische Bildung

Dr. Volker Rodekamp
Präsident Deutscher Museumsbund

Prof. Dr. Bernhard Lorentz
Geschäftsführer Stiftung Mercator

# Einführung

Wie kann eine nicht nur punktuelle, sondern dauerhafte Zusammenarbeit von zwei so unterschiedlich strukturierten Institutionen wie Museum und Schule aussehen? Was sind die Rahmenbedingungen für eine solche Partnerschaft? Welche Formate und Methoden eignen sich? Was sind die Qualitätskriterien für eine gelungene Kooperation? Und welche strukturellen Veränderungen sind nötig, damit die Zusammenarbeit von Schulen und Museen kein Einzelereignis bleibt, sondern im Schulalltag ankommt? Diese Fragen werden in dieser Broschüre beantwortet.

## 1. Die Handreichung

Die vorliegende Handreichung richtet sich sowohl an Schulen als auch an Museen und Ausstellungshäuser. Sie will dabei behilflich sein, dass sich beide Institutionen besser kennenlernen und verstehen. Sie will konkrete Tipps und Anregungen für die Zusammenarbeit geben, damit anstelle von singulären Pilotprojekten künftig kontinuierliche Kooperationen zum Alltag gehören.

Aus der Initiative „schule@museum" wurden innerhalb von acht Jahren Erfahrungen und Empfehlungen zusammengetragen, die in diese Handreichung eingeflossen sind. Notwendige Rahmenbedingungen werden aufgezeigt, Gelingensfaktoren, einzelne Projektschritte und Methoden vorgestellt sowie kritische Situationen in der Zusammenarbeit benannt. Wir geben Anregungen und Lösungsvorschläge und wollen zur Nachahmung ermuntern.

Die Broschüre ist so aufgebaut, dass sie zunächst in das jeweilige Kapitel kurz einführt und anhand von Checklisten oder grundlegenden Fragen dem Leser praktische Umsetzungsmöglichkeiten anbietet. Redundanzen wurden dabei bewusst in Kauf genommen. Projektbeispiele aus der letzten Wettbewerbsphase von schule@museum werden exemplarisch für bestimmte Aspekte vorgestellt. Sie zeigen die Vielfalt der Methoden, unterschiedliche Projektideen und Kooperationsformen. Die ausführliche Dokumentation dieser Projekte ist nachzulesen unter www.schule-museum.de.

## 2. schule@museum: Die Partner

Kooperationen von Schulen und Museen initiieren – für die Umsetzung dieses Anliegens starteten drei bundesweit agierende Verbände im Jahr 2004 die Initiative schule@museum: der BDK – Fachverband für Kunstpädagogik, der Bundesverband Museumspädagogik und der Deutsche Museumsbund. In verschiedenen Schritten wurden unterschiedliche Kooperationsformen von Schulen und Museen gesucht und in der Praxis getestet. Die Initiative konnte über die Gesamtlaufzeit von acht Jahren nur dank der ideellen und finanziellen Unterstützung vieler Partner umgesetzt werden: zunächst der Kulturstiftung der Länder (2004–2005), der Robert-Bosch-Stiftung (2004–2005) und der PWC Stiftung (2004–2007), dann der Bundeszentrale für politische Bildung (2007–2011) und schließlich auch der Stiftung Mercator (2009–2011).

Insgesamt nahmen rund 135 Schulen mit über 3000 Schülerinnen und Schülern[2] und 180 Museen an schule@museum teil. Die Erfahrungen aus den Projekten sind eine wichtige Grundlage für die vorliegende Publikation.

## 3. schule@museum: Die Pilotphase

Mit einer bundesweiten Pilotphase unter dem Motto „schule@museum: virtuell und interkulturell" starteten acht Museen aus ganz Deutschland die Initiative. Von November 2004 bis Juli 2005 erarbeiteten Schülerinnen und Schüler verschiedener Schularten und Klassenstufen in den Partnermuseen Multimediapräsentationen zum Themenschwerpunkt Interkulturalität. „Multimedia" – symbolisiert durch das @ im Namen von schule@museum – wurde als Medium der museumspädagogischen Arbeit gewählt, um die Hemmschwelle von Kindern und Jugendlichen im Museum mit einem ihnen vertrauten und von ihnen geschätzten Arbeitsmittel zu senken. Gleichzeitig sollten sie durch die Medientechnik die Möglichkeit erhalten, mit Museumsobjekten zu arbeiten, mit ihnen zu spielen, sie zu verfremden, sie künstlerisch weiterzuentwickeln – also etwas zu tun, was mit den echten Objekten nicht möglich ist.

## 4. schule@museum: Der Wettbewerb

Um die Initiative in ganz Deutschland wirksam werden zu lassen, wurde in einem zweiten Schritt 2005/2006 ein thematisch offener bundesweiter Wettbewerb mit dem Titel „Experimente bitte!" ausgerufen, an dem insgesamt über 1800 Schülerinnen und Schüler von 5 bis 21 Jahren mit 56 Beiträgen teilgenommen haben. In Kooperation mit einem Museum erarbeiteten sie im Unterricht und in ihrer Freizeit ausgehend von einem Museumsobjekt ein selbst gewähltes Thema und setzten es multimedial für den Computer oder das Internet um. In drei Altersklassen wurden die Sieger des Wettbewerbs gekürt, zusätzlich wurden zwei Anerkennungspreise für außergewöhnliche Projekte verliehen.

## 5. www.1000xHeimat.de: Der Einstieg ins Web 2.0

Bei den ersten beiden Runden von schule@museum hatten sich hauptsächlich „große" Projekte, die Lehrkräften und Museumsleuten viel Zusatzarbeit abnötigten und im Klassenverband durchgeführt werden sollten, beworben. Einen anderen methodischen Ansatz wählten die beteiligten Projektpartner zusammen mit ihrem neuen Partner, der Bundeszentrale für politische Bildung, 2007/2008 mit „1000xHeimat" ein Web 2.0-Projekt. Die Kinder und Jugendlichen – diesmal konnten sich auch Einzelpersonen selbstständig mit oder ohne Anleitung von Lehrkräften und Museumsleuten beteiligen – waren eingeladen, im Internet ein virtuelles Heimatmuseum aus ihrer Sicht aufzubauen. Dazu sollten sie Objekte aus einem Museum, die sie mit dem Begriff Heimat in Verbindung brachten, auswählen und fotografieren. Die Bilder wurden auf die Website www.1000xHeimat.de hochgeladen und mit einem Kommentar versehen, um so ihre Vorstellung von Heimat mit anderen zu teilen. Über 920 Beiträge unterschiedlichster Art – Lieder, Collagen, Geschichten, Filmsequenzen, Objekte, Gedichte und nachdenkliche Kommentare – wurden im Projektzeitraum von Kindern und Jugendlichen auf die Website gestellt.

## 6. schule@museum – Bildungspartnerschaften gestalten 2009–2011

Der Wettbewerb „1000xHeimat" hatte die Offenheit des Web 2.0-Prozesses als Schwerpunkt gewählt. Mit der Initiative „schule@museum – Bildungspartnerschaften gestalten 2009–2011" wollten die Initiatoren nun langfristige Kooperationen zwischen Schulen und Museen stärker in den Mittelpunkt rücken. Ziel war nun, anhand von Modellprojekten aus dem ganzen Bundesgebiet und der Erfahrungen der bisherigen Phasen von schule@museum, langfristige Formen der Zusammenarbeit zu erproben und anderen Schulen und Museen zur Verfügung zu stellen.

Ausgewählt aus rund 150 Bewerbungen aus allen Schulformen und Museumsarten, starteten 15 Bildungspartnerschaften – Tandems aus jeweils einer Schule und einem Museum – im März 2010 ihre Zusammenarbeit. Bis zum Sommer 2010 entwickelten und verfeinerten diese ihre Modellidee und ihren Projektplan, um mit Beginn des Schuljahres 2010/11 die konkrete Umsetzung ihrer Projekte zu starten. Dabei arbeiteten die Pädagogen der beiden Einrichtungen eng zusammen. In allen Projekten lernten die Schülerinnen und Schüler die oft noch unbekannte Institution Museum kennen, schauten hinter die Kulissen der Museumsarbeit und beschäftigten sich intensiv mit den jeweiligen Themen und Aufgabenstellungen.

Die für schule@museum – Bildungspartnerschaften gestalten 2009–2011 ausgewählten Projekte:

1. Lörrach, Baden-Württemberg: „Kleine Welt im Koffer", Schule für Erziehungshilfe Tüllinger Höhe und Museum am Burghof, Lörrach
2. Kaufbeuren, Bayern: „Identitätsprojekte. Jugend und Migration in Kaufbeuren", Gustav-Leutelt-Schule und Stadtmuseum Kaufbeuren
3. Berlin: „Geschichten und Geschichte", Heinrich-von-Stephan-Schule und Deutsches Historisches Museum, Berlin
4. Potsdam, Brandenburg: „100 Jahre Film in Babelsberg", Voltaire Gesamtschule Potsdam und Filmmuseum Potsdam
5. Bremen: „Schnittstelle. Kunst Club Bremen trifft Schule", Gymnasium Horn und Kunsthalle Bremen und Weserburg, Museum für Moderne Kunst, Bremen
6. Frankfurt am Main, Hessen: „Eine interkulturelle Reise durch die gebaute Umwelt – Schüler und Schülerinnen entdecken Architektur", Hostatoschule und Deutsches Architekturmuseum, Frankfurt
7. Greifswald, Mecklenburg-Vorpommern: „Ich sehe was, was du nicht siehst", Montessori-Schule Greifswald und Pommersches Landesmuseum, Greifswald
8. Soltau, Niedersachsen: „RollenSpiele – Geschichte(n) und Identitäte(n) auf der Spur", Pestalozzischule Soltau und Spielzeugmuseum Soltau
9. Minden, Nordrhein-Westfalen: „Familiengeschichte(n) – Menschen und Migration in Minden", Hauptschule Minden-Süd und Mindener Museum für Geschichte, Landes- und Volkskunde
10. Bad Dürkheim, Rheinland-Pfalz: „Jugendliche führen Kinder durchs Museum", Carl-Orff-Realschule Plus und Pfalzmuseum für Naturkunde – POLLICHIA-Museum, Bad Dürckheim
11. Völklingen, Saarland: „Meine Welt im Sucher. Jugendliche als Fotoreporter", Erweiterte Realschule Am Sonnenhügel und Historisches Museum Saar, Saarbrücken
12. Stollberg, Sachsen: „Synergie fürs Kraftwerk", Carl-von-Bach-Gymnasium Stollberg und Bergbaumuseum Oelsnitz/Erzgebirge
13. Dessau-Roßlau, Sachsen-Anhalt: „Bühnenstück", Sekundarschule „Am Rathaus" und Stiftung Bauhaus Dessau
14. Neumünster, Schleswig-Holstein: „Made in ... – die Globalisierung in der Textilindustrie", Freiherr-vom-Stein-Schule und Museum Tuch + Technik, Neumünster
15. Altenburg, Thüringen: „Schule im Museum", Christliches Spalatin-Gymnasium und Lindenau-Museum Altenburg

## Evaluation

Das Projekt schule@museum – Bildungspartnerschaften gestalten 2009–2011 wurde erstmals durch eine externe Evaluation begleitet, die vom Institut für Pädagogik der Universität Erlangen-Nürnberg unter der Leitung von Prof. Dr. Eckart Liebau durchgeführt wurde. Davon erhielten die Projektpartner wissenschaftlichen Aufschluss über

- den Verlauf der Kooperationen im Rahmen von schule@museum,
- die aus den Ergebnissen und Verläufen der Einzelprojekte extrahierten Erfahrungen zu den Strukturmodellen der Partnerschaften von Schule und Museum,
- die Erfolgsbedingungen für die Verankerung der Projekte an Schulen und Museen.

## Bildungspartner

Neben den eigentlichen schule@museum-Tandems wurden aus den Bewerbungen beim Projekt schule@museum zusätzlich neun „Bildungspartner von schule@museum" benannt. Es handelt sich dabei um Museen, die schon seit Jahren durch eine herausragende Vermittlungsarbeit gerade für Schulen in der öffentlichen Wahrnehmung überzeugten. Sie zeichnen sich durch ein vielfältiges Angebot für Schüler und Schülerinnen sowie für Lehrkräfte aus. Von dem Erfahrungsaustausch sowie durch die Einbindung einiger Bildungspartner beim Workshop profitierten sowohl die Tandems als auch die Steuerungsgruppe von schule@museum auf vielfältige Weise. Ihr Praxiswissen fließt auch in Form von Zitaten in unsere Handreichung ein.

Die Bildungspartner von schule@museum sind:

1. Haus der Geschichte Baden-Württemberg, Stuttgart (www.hdgbw.de)
2. Badisches Landesmuseum Karlsruhe (www.landesmuseum.de)
3. Deutsches Museum, München (www.deutsches-museum.de)
4. Kunstmuseum Wolfsburg (www.kunstmuseum-wolfsburg.de)
5. Ruhr Museum, Essen (www.ruhrmuseum.de)
6. Museumsdienst Köln (www.museenkoeln.de/museumsdienst)
7. Stiftung Haus der Geschichte der Bundesrepublik Deutschland, Bonn (www.hdg.de)
8. Deutsches Hygiene-Museum Dresden, (www.dhmd.de)
9. Klassik Stiftung Weimar (www.klassik-stiftung.de)

Mehr zu schule@museum unter www.schule-museum.de!

## Die Institutionen: Das verbindet und das unterscheidet sie.

Museen und Schulen entstammen zwar verwandten, aber dennoch unterschiedlichen Kontexten, sie verkörpern zugleich ähnliche wie verschiedene Kulturen und haben andere Entstehungsgeschichten. Sie „ticken" unterschiedlich und haben jeweils spezifische Vorstellungen von Bildung und der Vermittlung von Werten.

Schulen gelten oft als langweiliger als Museen, werden aber meist ernster genommen. Museen gelten als Orte der Kontemplation und stehen scheinbar im Kontrast zu dem oft „expressiven Verhalten" von Schülern, die sich zwischen Meissner Porzellan drängen, in Gemäldegalerien den Alarm auslösen und laut zwischen naturwissenschaftlichen Versuchsaufbauten streiten. Passen Schülergruppen also überhaupt ins Museum?

Die Initiative schule@museum erprobt seit vielen Jahren verschiedene Kooperationsformen zwischen Schulen und Museen und zeigt, dass die beiden Institutionen gerade wegen ihrer Unterschiedlichkeit spannend füreinander sind und einander ergänzende Potenziale bieten. Darüber hinaus zeigen Beispiele, dass die Kommunikation zwischen Museum und Schule keiner Einbahnstraße folgen muss, sondern der Weg des Museums durchaus auch in die Schule führen kann.

Um in diesem Sinne erfolgreich kooperieren zu können, müssen jedoch beide Institutionen ihre jeweilige „Grammatik" gegenseitig kennen und anerkennen.

### 1. Museum und Schule: Idealtypische Vereinfachungen

Kuratoren haben weiße Handschuhe an, Lehrer höchstens mal einen weißen Mantel. An dieser rein äußerlichen Kleinigkeit wird schnell deutlich, dass beide Institutionen ganz unterschiedliche Aufgaben, unterschiedliches Personal, unterschiedliche Arbeitsweisen haben.

Im Zentrum jedes **Museums** steht immer das Werk, das originale Objekt, das es für die nächsten Generationen zu bewahren gilt und das in der Ausstellung präsentiert wird. Dieses Objekt soll den Museumsbesucher faszinieren. Es tritt aus der Sammlungsgeschichte heraus, immer in einer bestimmten Interpretation, und tritt in den Ausstellungsraum ein. Das Museum hat Sammlungsschwerpunkte, fokussiert bestimmte Themen in seiner Präsentation und bietet dem Besucher die Möglichkeit eines freien Rundgangs nach eigenem Interesse. Der Besucher darf selbst entscheiden, ob der Besuch einmalig bleibt oder ob er wiederkommen will.

Ganz anders die **Schule**. Keine Originalobjekte mit Wert und Aura, dafür ein abstrakter Lehrplan oder ein Curriculum. Diesen liegt ein Konzept für Lernen über mindestens ein ganzes Jahr hinweg zu Grunde. Die ausformulierten Bildungsziele sind durch gesellschaftlichen Konsens legitimiert. Ein Jahr baut auf dem anderen auf. Am Ende steht das Konzept einer breiten Allgemeinbildung. Statt an Objekten lernen die Schülerinnen und Schüler vor allem an Texten, Diagrammen und Abbildungen, die vor dem Hintergrund des Lehrplans ausgewählt und im Schulbuch abgedruckt sind. So entstehen in beiden Institutionen jeweils ganz andere Fragen und auch jeweils ganz andere Antworten.

Auch die **‚Rhythmen'** von Schule und Museum sind unterschiedlich. Feste Stundenabläufe, ausdifferenzierte Hierarchien und Sanktionssysteme sowie das Prinzip der Benotung strukturieren Schule wesentlich stärker als Museen. Dort jedoch muss man (meist) Eintritt zahlen. Da alle Kinder zwischen sechs und vierzehn Jahren in der Schule sind, erreicht man alle nur dort. Dafür sind die Gruppen dann aber auch viel heterogener hinsichtlich ihres Bildungshintergrundes und Interesses als bei Museumsbesuchern, die vor allem aus eigenem Antrieb kommen.

Doch so viele Unterschiede es geben mag, es gibt auch eine entscheidende **gemeinsame Basis**: Beide Institutionen haben einen Bildungsauftrag, der auch als gesellschaftspolitischer oder sozialer Auftrag (Integration, Teilhabe, Inklusion) verstanden werden kann. In beide fließen öffentliche Mittel, beide sind Bewahrer und Tradierer des kulturellen Gedächtnisses. Und beide müssen sich in und mit der Gesellschaft dauerhaft weiterentwickeln und verändern.

*„Wichtig ist, dass Schule und Museum ihre jeweilige spezifische Bildungskompetenz selbstbewusst reflektieren: Schule ist Schule und Museum ist Museum. Partnerschaftlicher Erfolg erfordert die kontinuierliche Auseinandersetzung mit den Erwartungen, Rahmenbedingungen, Möglichkeiten und Erfahrungen des Anderen und die Bereitschaft, voneinander und miteinander zu lernen. Letztlich geht es um das gemeinsame Ziel, allen Kindern und Jugendlichen die vielfältigen, anregenden Objektwelten von Museen zu erschließen (auch außerhalb des Unterrichts) und ihnen eine kompetente und kritische Nutzung und Beurteilung dieser Kultureinrichtung zu ermöglichen."* **Angelika Wuszow, Bildung und Vermittlung, Ruhr Museum Essen**

## 2. Checklisten

### 2.1. Haben Sie die Systemlogik Ihres Partners beachtet?

Im Folgenden werden beide Institutionen in ihren für sie besonders charakteristischen Merkmalen idealtypisch einander gegenüber gestellt.

| | Institution Schule | Institution Museum |
|---|---|---|
| Charakteristik | • Breit gefächertes Angebot, viele Fächer, Allgemeinbildung | • Fokussierung, meist eine Sparte, objektbezogen, Bildungspotenzial des konkreten Falls |
| Medien | • Schulbücher, Hefte und Modelle<br>• Mediale Repräsentanz des jeweiligen Gegenstands | • Objekte und Dokumente<br>• Originale Präsenz des Gegenstands |
| Lernlogiken | • Hoher Grad an Vermittlung<br>• Geplantes, nachhaltiges Lernen<br>– über einen längeren Zeitraum<br>– mit systematischen Überblicken<br>– Fokussierung auf Zusammenhänge und das Allgemeine<br>– Phänomene und Erfahrungen methodisch auf den Begriff bringen<br>• Begreifen, Fokussierung des Rationalen, Kognitiven<br>• Kollektives, fremdbestimmtes Lernen im Klassenzusammenhang | • Dominanz der authentischen, sinnlichen Erfahrung<br>• Zufälliges, flüchtiges Lernen<br>– während des Museumsbesuchs<br>– punktuell an der zufällig zur Verfügung stehenden, vom historisch gewachsenen Bestand abhängigen Sammlung<br>– Fokussierung auf den einzelnen „Fall"<br>• Bestaunen und Bewundern, Fokussierung des Sinnlichen<br>• Individueller Rundgang, interessensgeleitetes Lernen, hoher Freiheitsgrad |
| Rahmenbedingungen | • Schulpflicht<br>• Zeitlimitierungen, Stundenplan, Stundentafeln<br>• Zielvorgaben, Lehrpläne, Curricula<br>• Schule findet statt, wenn der/die Lehrer/in da ist<br>• Sanktionen<br>• Prüfungen, Noten<br>• (Meist) kostenlos | • Freiwilliger Besuch<br>• Keine Verweildauer vorgeschrieben<br>• Angebot, über das der/die Besucher/in entscheidet<br>• Dauerpräsenz des Angebots, das der Besucher aufsucht<br>• (Meist) Eintritt |

| | Institution Schule | Institution Museum |
|---|---|---|
| Methoden | • inszeniert und strukturiert Prozesse des Verstehens, des Sprechens darüber und des Machens<br>• (Häufig) Frontalunterricht<br>• Schüler/innen sitzen an einem Tisch<br>• Schüler/innen haben einen festen, bestimmten Platz | • lenkt den Blick auf das Besondere, inszeniert Prozesse des Zuhörens und Hinsehens<br>• Gruppierung um das Objekt<br>• Schüler/innen lernen in Bewegung<br>• Schüler/innen definieren ihre Nähe und Distanz zum Objekt, zu Pädagog/innen, Mitschüler/innen selbst |
| Lernen | • Lehrgangsmäßiges Lernen<br>• Formelles Lernen<br>• Fremdgesteuert<br>• Routine<br>• Belehrung | • Diskontinuierliches Lernangebot<br>• Informelles Lernen<br>• Selbstgesteuert<br>• Erlebnis<br>• Erfahrung |

## 2.2. Stimmt die Aufwand-Nutzen-Relation?

Einem hohen Aufwand für einen Museumsbesuch …

| Schule | Museum |
|---|---|
| Organisation<br>• Transport/Begleitperson<br>• Vertretung<br>• Elterninformation<br>• Genehmigung | Organisation<br>• Logistik vor Ort<br>• Kalkulation (Eintritt?) |
| Ressourcen (Zeit und Geld)<br>• Vorbereitung<br>• Nachbereitung, Ergebnissicherung<br>• Nachholen von ausgefallenen Stunden/Stoff<br>• Eintritte und Transportkosten<br>• Dokumentation/Berichte | Ressourcen (Zeit und Geld)<br>• Personal<br>• Material<br>• Zeit, Konzepte zu entwickeln<br>• Zeit, im Bestand zu recherchieren<br>• Ggf. dritter Partner<br>• Sonderräume, Werkstätten<br>• Dokumentation/Berichte |
| vermehrtes Risiko<br>• Heterogenität der Lerngruppen tritt deutlicher zu Tage<br>• Disziplin<br>• Ablenkung<br>• Aufsichtspflicht | vermehrtes Risiko<br>• Sensibilisierung der Aufsichten<br>• Einstellungen, Hinweise zum Verhalten<br>• Sicherheit |

… steht ein großer „Mehrwert" der Kooperation gegenüber.

| Schule | Museum |
|---|---|
| • Motivation durch außerschulisches Wissensmanagement<br>• Sinnliche Anreize, bleibende Eindrücke durch das Lernen vor dem Original<br>• Neue Lernprozesse<br>• Vertiefung und Vernetzung des Wissens<br>• Kompetenzstärkung<br>• Anschlussstellen an das öffentliche kulturelle Leben<br>• Chancen für ein kulturelles Schulprofil | • Audience Development<br>• Steigerung der Besucherzahlen<br>• Neue, sonst unerreichte Zielgruppen<br>• Neue inhaltliche Impulse (lernendes Museum)<br>• Legitimation, Bildungsauftrag<br>• Positionierung als Kultur- und Lernort im sozialen Raum |

## 2.3. Wie finde ich die richtigen Partner?

In den Schulen:
In den Sekretariaten von Schulen landen täglich unzählige schriftliche Einladungen zu Wettbewerben und zu möglichen Kooperationen unterschiedlicher Anbieter. Um sich von dieser Papierflut abzuheben und das eigene Anliegen konkret und anschaulich darstellen zu können, führt ein direktes, persönliches Gespräch mit Lehrkräften oder dem Schulleiter sowie die Präsentation der Museumsinstitution bei einer Lehrerkonferenz schneller zum Erfolg. Bei einer eigens angekündigten Informationsveranstaltung für Lehrkräfte (z. B. bei der Lehrerfortbildung, bei Studienseminaren für Referendare) können konkrete Angebote für Schülerinnen und Schüler inhaltlich und methodisch ausführlich dargestellt werden. Anstelle eines Vortrags ist eine anschauliche Präsentation mit den speziellen Vermittlungsmethoden und -zielen des Museums vorzuziehen. Oftmals ist es hilfreich, hierfür das lokale Schulamt als Vermittler einzuschalten.

In den Museen:
Es gibt in Deutschland derzeit über 6.000 Museen. Neben Kunstmuseen weist die deutsche Museumslandschaft auch Naturkunde-, Technik- und Industriemuseen, Freilicht- sowie historische und archäologische Museen, kulturgeschichtliche Spezialsammlungen sowie zahlreiche lokale Heimatmuseen auf. Viele der kleineren Museen werden oft ehrenamtlich geleitet und verfügen über keine museumspädagogischen Kräfte, dennoch sind gerade diese kleineren Häuser für gemeinsame Projekte oft sehr aufgeschlossen. Hier ist manches realisierbar, was in großen Museen undenkbar erscheint. Die großen Museen haben dagegen meist professionell geführte museumspädagogische Abteilungen, in denen Lehrkräfte leichter Ansprechpartner finden.

Bei der Suche nach einem Museum für eine kurz- oder langfristige Kooperation können Übersichten über Sammlungsschwerpunkte der Museen helfen, passende Partner zu finden. Auch ungewöhnliche Kombinationen haben hier ihren Reiz, so können z. B. in der Ausstellung zur Polarforschung Globalisierungsthemen oder im Geschichtsmuseum technische Entwicklungen veranschaulicht werden. Aus organisatorischen Gründen empfiehlt es sich bei längerfristiger Zusammenarbeit, räumlich nahe gelegene Einrichtungen zu suchen.

## 3. Links

Lehrpläne (Deutscher Bildungsserver):
www.bildungsserver.de oder:
www.bildungsserver.de/zeigen.html?seite=400

Museumsverzeichnisse, Museumsverbände sowie museumsrelevante Einrichtungen und Internet-Seiten:
www.museumsbund.de/de/links/national

**Unterricht kann auch im Museum stattfinden**

**Projekt: Schule im Museum, Altenburg**

*„Durch die Orientierung an den Bildungsplänen lässt sich der Museumsbesuch direkt an den Unterricht anbinden. Die aktive Beschäftigung mit den originalen Objekten ermöglicht – über die Abbildung im Schulbuch hinaus – ein tieferes Verständnis der historischen Zusammenhänge. Besondere Angebote wie der Schul-Jahrespass, Lehrerfortbildungen und ein spezieller Newsletter erleichtern Lehrerinnen und Lehrern die Entscheidung für den Besuch des Museums."* **Dr. Gabriele Kindler, Leitung Referat Museumspädagogik und Ausstellungsdidaktik, und Dr. Sarah Hoke, Koordinatorin Schulen – Museum, Badisches Landesmuseum Karlsruhe**

# Schule im Museum

## Tandem
Christliches Spalatin-Gymnasium, Altenburg
Lindenau-Museum Altenburg

## Beteiligte Fächer
Kunst, Religion, Deutsch, Geschichte, Latein

## Beteiligte Schülerinnen und Schüler
50 Schülerinnen und Schüler der 6. Jahrgangsstufe; 25 je Halbjahr

## Dauer
Schuljahr 2010/2011: jeweils 6 Monate, wöchentlich 2 Stunden

## Idee
Schülerinnen und Schüler kommen jeweils für ein Schulhalbjahr wöchentlich zum Kunstunterricht ins Museum. Sie setzen sich mit den Kunstsammlungen des Museums auseinander und werden praktisch künstlerisch aktiv. Durch die Erarbeitung von Materialien für den Unterricht werden die Ergebnisse übertragbar und später auch auf andere Klassenstufen ausgeweitet.

## Good Practice
Der Kunstunterricht findet für die Schülerinnen und Schüler der 6. Klassenstufe des Spalatin-Gymnasiums halbjährlich ausschließlich im Museum statt. Möglich wurde dies durch die vertrauensvolle Zusammenarbeit der beteiligten Lehrkräfte und Museumspädagogen, die räumliche Nähe und die Nutzungsmöglichkeit der Räume der Jugendkunstschule, die sich im Museum befinden. Die Schüler pendeln dabei in ihren Arbeitsphasen zwischen den Räumen des Museums und der Jugendkunstschule hin und her. Sie lernen die Sammlungen des Museums kennen und beschäftigen sich mit den epochenspezifischen Materialien und Techniken. Im Projektzeitraum von schule@museum wurde der Ansatz intensiv weiterentwickelt: Kreativere Annäherungen, Nutzung eines Museumskoffers, Erstellung eines altersgerechten Lageplans und einer Sammelmappe für die praktischen Arbeiten. Ein Arbeitsheft, das aus altersgerechten Theoriebausteinen wie aus praktischen Übungen besteht, sichert nun die Lernergebnisse nachhaltig. Ein Kunstfest am Ende des Schuljahres krönte die Bemühungen. Dabei führten die Schülerinnen und Schüler den Eltern, Bekannten und der Öffentlichkeit ihre Ergebnisse vor.

Für die Kooperation von Schulen und Museen ist dieses Projekt von besonderem Interesse, da es hier gelungen ist:

- durch die gute Zusammenarbeit der Lehrkräfte und Museumspädagogen die jeweiligen Qualitäten der Institutionen zu nutzen und dabei auch die unterschiedlichen Rhythmen sowie Interessen bzw. Prioritäten der jeweiligen Institutionen zu respektieren,
- aufgrund der gemeinsamen Arbeit im Halbjahresrhythmus eine besondere Intensität der Kunstbegegnung zu ermöglichen,
- die Werkstattarbeit am „anderen" Ort, der Jugendkunstschule, als originär und Interessen fördernd zu nutzen.

## Schnittstelle. Kunst Club Bremen trifft Schule

Tandem
Gymnasium Horn, Bremen
Kunsthalle Bremen
Museum für Moderne Kunst, Weserburg

Beteiligte Fächer
Kunst, Deutsch, Geschichte, Politik

Beteiligte Schülerinnen und Schüler
30 Schülerinnen und Schüler der 9. Jahrgangsstufe

Dauer
Schuljahr 2010/2011

Idee
Schülerinnen und Schüler beschäftigen sich mit Kunstwerken des Museums und erarbeiten eigene Kunstwerke, die darauf Bezug nehmen. Gemeinsam mit dem Kunst Club Bremen erarbeiten die Jugendlichen eine Ausstellung der Schülerarbeiten.

Good Practice
Parallel, aber zunächst getrennt, beschäftigten sich Jugendliche des Kunst Club Bremen im Museum und Schülerinnen und Schüler der 9. Klasse des Gymnasiums Horn in der Schule mit den gleichen Kunstwerken. Bei einem ersten Zusammentreffen in der Weserburg machten die Jugendlichen dann die Schüler mit den Originalen in der Weserburg spielerisch bekannt. Im Rahmen der Beschäftigung entstanden eigene Kunstwerke der Schüler und der Jugendlichen. Die Projekterfahrungen aller Teilnehmenden wurden in drei Projekt-Tagebüchern mithilfe von Assoziationen, Skizzen und spontanen Eindrücken dokumentiert. Dadurch entstand ein weiterer Kommunikationsstrang zwischen Schülern und Jugendlichen. Ausgewählte Arbeiten wurden schließlich vom Kunst Club in einer Ausstellung in der Weserburg präsentiert. Hierzu wurde von den Schülern und Jugendlichen ein Ausstellungskatalog sowie ein Führungs- und Vermittlungsprogramm erarbeitet. Die parallele Arbeit in der Schule und dem Kunst Club funktionierte gut, da regelmäßige Treffen der Projektleiterinnen stattfanden und sich diese auch darüber hinaus zu wichtigen Themen kurzfristig und informell austauschten und absprachen.

Für die Kooperation von Schulen und Museen ist dieses Projekt von besonderem Interesse, da es hier gelungen ist:

- durch die gute Absprache von Lehrerin und Museumspädagogin parallele Arbeitsprozesse in verschiedenen Gruppen voneinander profitieren zu lassen,
- die unterschiedlichen Formen der Beteiligung der Teilnehmenden aus Schule und Freizeitangebot zu managen und miteinander zu verzahnen,
- die Regeln und Strukturen der beiden Institutionen Schule und Museum durch die Schaffung eines „dritten Raumes" aufzubrechen, sodass ein Raum entstand, in dem sich Lehrende und Lernende auf Augenhöhe begegnen konnten,
- durch die Einbeziehung des Kunst Clubs Bremen den Schülerinnen und Schülern bewusst zu machen, dass die Grenzen zwischen Lernstoff in der Schule und persönlichem Interesse fließend sind.

# Geschichten und Geschichte

## Tandem

Heinrich-von-Stephan-Schule Berlin (Reformpädagogische Gemeinschaftsschule)
Deutsches Historisches Museum, Berlin

## Beteiligte Fächer

Wahlpflichtkurs: Geschichte, Deutsch, Kunst

## Beteiligte Schülerinnen und Schüler

16 Schüler der 7. und 8. Jahrgangsstufe

## Dauer

Schuljahr 2010/2011, 2 Schulstunden pro Woche

## Idee

Die Schüler erarbeiten sich die „Geschichte" von selbstgewählten Ausstellungsstücken und stellen diese in einem Comic dar. In einem zweiten Schritt wenden sie den erlernten fachmännischen Blick auf ein Objekt ihrer eigenen Familiengeschichte an. Ihr persönliches Objekt und der Comic werden zu Exponaten, die in einer selbst produzierten Ausstellung gezeigt werden.

## Good Practice

Die Schüler des Wahlpflichtkurses besuchten mehrfach das Museum, um sich mit Ausstellungsstücken vertraut zu machen, deren Geschichte zur recherchieren, Architekturmodelle von anderen Ausstellungen anzusehen, die Arbeit der Museumspädagogen, Gestalter und Abteilungsleiter kennenzulernen. Nach der Auswahl eines Exponats erstellten sie einen Comic. Mit der Unterstützung eines Illustrators, der den Schülern in mehreren Unterrichtsstunden grundlegende Zeichentechniken und Gestaltungselemente von Comics vermittelte, setzten sie ihre eigenen Geschichten in Comics um. Am Ende des Projekts präsentierten die Schüler ihre Ergebnisse in einer selbst produzierten Ausstellung. Sie wurde in einer Galerie in unmittelbarer Nähe der Schule präsentiert. Für die Ausstellung erarbeiteten die Schüler selbstständig u.a. das Design der Einladungskarte, die Texte der Objektbeschriftungen und die Hängung und Platzierung der Exponate, wofür vom Museum Vitrinen zur Verfügung gestellt wurden. Die Schüler organisierten darüber hinaus die Vernissage und boten Führungen an den vier Öffnungstagen an.

Für die Kooperation von Schulen und Museen ist dieses Projekt von besonderem Interesse, da es hier gelungen ist:

- eine sehr enge, vertrauensvolle Zusammenarbeit von Lehrer und Museumspädagogin herzustellen, wobei vorteilhaft für die Kooperation war, dass der Lehrer vor seiner Tätigkeit an der Schule im Museum gearbeitet hatte und die Museumsarbeit kannte,
- die jeweiligen Kompetenzen des Partners für das Projekt zu nutzen – das Museum als Fundus für die authentischen Objekte, für den besonderen Rahmen und das Fachwissen zu den Exponaten, die Schule zur Erarbeitung des historischen Kontextes und im Wahlpflichtkurs die Möglichkeit, „unkonventionell" durch die Hinzuziehung eines externen Partners, des Illustrators, zu arbeiten. Hierdurch wurde zusätzliche Expertise in das Projekt gebracht. Lehrer und Museumspädagogen konnten selbst zu Lernenden werden,
- die Situation in der Gruppe und den Stand der Schülerarbeiten zwischen Lehrer und Museumspädagogin in jeder Projektphase zu besprechen und zu reflektieren – mit den Schülern und ohne die Schüler,
- die Arbeit der Schüler in Zwischenschritten zu würdigen und die fertig gestellten Comics im Rahmen eines offiziellen Termins an das Museum zu überreichen,
- die Ausstellung an einem dritten Ort im „Kiez" der Schüler einzurichten, wodurch sie eine größere Öffentlichkeit erreichte.

## Rahmenbedingungen: Das braucht es für eine gelungene Kooperation.

Wenn Schule und Museum ein gemeinsames Projekt durchführen, bedeutet das für die Schülerinnen und Schüler: eine neue Lernumgebung, spannende Objekte zum Anschauen und Anfassen, andere Herangehensweisen an Thematiken als in der Schule, sinnliche Erfahrungen, neue Methoden und Erkenntnisse. Doch es stellen sich auch die Fragen: Welche Rolle nimmt die Lehrkraft in einem Kooperationsprojekt ein? Wie sehr muss sich der Museumsmitarbeiter oder die Museumsmitarbeiterin an die Vorstellungen der Schule anpassen? Wie werden die Regeln für den Museumsbesuch, das Arbeiten im Projekt aufgestellt?

Für ein erfolgreiches Kooperationsprojekt braucht es nicht nur Leidenschaft und Engagement von Seiten der Lehrerinnen und Lehrer und Museumsmitarbeiterinnen und Museumsmitarbeiter. Es braucht einen inhaltlichen Lebensweltbezug, die Herausforderung und Beteiligung der Schülerinnen und Schüler. Alle Projektbeteiligten müssen ein gegenseitiges Vertrauen aufbauen, das signalisiert: Wir erkennen die Kompetenz des anderen an! Es muss deutlich werden, dass die Schüler im Museum herzlich willkommen sind, die Lehrer und Museumsmitarbeiter daran glauben, dass sich die Schüler im Museum respektvoll bewegen können. Die Schüler sollen und dürfen ihre Expertensicht einbringen und das Projekt aktiv mitgestalten. Die Lehrkräfte und Museumsleute müssen flexibel bleiben, Veränderungen im Projekt zulassen und sie unterstützen, ohne die Idee aus dem Auge zu verlieren.

Um das gemeinsame Arbeiten zu erleichtern, ist es sinnvoll, strukturelle Absprachen zu treffen. Viele Faktoren sollten erfüllt und bedacht sein, bevor das Projekt starten kann.

### 1. Organisatorische und strukturelle Rahmenbedingungen

Der Erfolg einer Kooperation hängt sehr stark an verschiedenen strukturellen Rahmenbedingungen, wie Finanzierung und Personal. Die wichtigsten Stichpunkte:

#### a. Idee

Zu Beginn einer Kooperation stehen eine Idee und der Wunsch zur Zusammenarbeit, die den Rahmen des Projekts bilden. Das sind die Grundvoraussetzungen für eine gelingende Kooperation. Die Beteiligten verständigen sich dann über

- die gemeinsame Vorstellung des Ziels des Projekts und
- was das Projekt inhaltlich vermitteln soll.

## b. Beteiligte Personen

Ein Projekt lebt von den Beteiligten. Die im Projekt arbeitenden Menschen, also Lehrkräfte, Schüler, Museumspädagogen, die Verwaltungen, die Eltern etc., bestimmen das Gelingen eines Projekts entscheidend mit. Es sollte also gut bedacht werden, welches Personal an dem Projekt mitarbeiten kann und wie viel Kapazitäten den Einzelnen für das Projekt zur Verfügung stehen. Wichtig für alle sind der Austausch und die Reflexion über das Projekt, dafür ist ausreichend Raum und Zeit zu schaffen. Bei langfristigen Kooperationen bieten sich Reflexionstreffen in regelmäßigen Abständen an, bei denen die Projektstruktur, die Kooperationsvereinbarungen, Zuständigkeiten etc. überprüft werden. In schwierigen Projektphasen könnte es sinnvoll sein, einen externen Moderator hinzuzuziehen, der mit den Beteiligten die Probleme thematisiert und Lösungswege erarbeitet.

Wichtige Punkte sind:

- Zustimmung und Unterstützung der Schul- und der Museumsleitung
- Ausreichendes und qualifiziertes Personal im Museum
- Freistellung von Lehrinnen und Lehrern für die Projektarbeit
- Einbezug der Schülerinnen und Schüler von Anfang an
- Einbezug der Eltern
- Einbezug dritter Partner (Künstler, Schauspieler, Regisseure, Musiker, Zeitzeugen, Senioren, lokale Kultureinrichtungen etc.)
- Sicherung der Personalsituation für den gesamten Projektzeitraum
- Verlässliche Kooperation durch Teams in den Institutionen
- Aus- und Weiterbildung aller Beteiligten (insbesondere bei langfristigen Projekten)
- Klare Verteilung der Verantwortlichkeiten
- Berücksichtigung der Kapazitäten des Personals

*„Grundlage sollte eine schriftlich verfasste Vereinbarung sein, in der präzise quantifizierbare Ziele und exakt dargelegt werden, was jeder Projektpartner wann einbringt. Jeder Projektpartner sollte zudem für sich klären, wie er von dieser Kooperation im Sinne einer verbesserten Arbeit (der eigenen Ziele) wirklich profitiert. Dabei sollte auf jeden Fall auch eine gemeinsame Öffentlichkeitsarbeit festgelegt werden."*
**Folker Metzger, Bildungsreferent, Klassik Stiftung Weimar**

## c. Raum und Zeit

Ein weiterer wichtiger Faktor für eine nachhaltig erfolgreiche Zusammenarbeit ist der Raum, in dem das Projekt realisiert wird. Dazu gehören nicht nur Räumlichkeiten in den Institutionen, sondern auch die räumliche Nähe zueinander.

- Räumliche Nähe erleichtert die Arbeit durch eine gute und unkomplizierte Erreichbarkeit. Durch kurze Wege zwischen den Institutionen kann Zeit für das Projekt gewonnen werden.
- In den Institutionen sollte ausreichend Platz für die Projektarbeit vorhanden sein. Es sollte ein Arbeitsraum in einer der Institutionen vorhanden sein, der für das Projekt dauerhaft genutzt werden kann.
- Die Projektstruktur sollte den vorhandenen Zeitressourcen angepasst sein.
- Zeitrahmen/-fenster in den Schulen sind einzurichten.
- Zeitliche Freiräume für Reflexion sollten von Anfang an eingeplant sein.

## d. Sachmittel

In der Projektarbeit werden verschiedene Materialien und Sachmittel benötigt. Deshalb sollte vorab geklärt werden, welche davon die jeweilige Institution zur Verfügung stellen kann.

Es sollte also bedacht werden:

- Welche Materialien werden für das Projekt benötigt?
- Wer sorgt für was (Arbeitsmaterialien zur Gestaltung, technische Ausstattung, Presseprodukte, Flyer etc.)?
- Wie können nötige Transporte realisiert werden (evtl. durch einen Sponsor)?
- Was wird für Veranstaltungen und Endpräsentationen benötigt (Technisches Zubehör, Kommunikationsprodukte etc.)?

### e. Finanzierung

Hier ist zu Beginn eines Projektes zu klären:

- Welche Eigenmittel stehen zur Verfügung?
- Können die nötigen Finanzmittel durch die Freistellung von Personal reduziert werden?
- Wie können zusätzliche Mittel beschafft werden (z. B. über Fundraising, siehe Links und Literatur)?
- Können Sachmittel akquiriert werden (z. B. Busfahrten über das örtliche Busunternehmen, Arbeitsmaterialien etc.)?
- Wie kann die regionale Vernetzung das Einwerben von Sponsorengeldern und die Unterstützung über Sachspenden erleichtern?
- Welche Schulgesetze und steuerrechtlichen Richtlinien müssen bei Finanzierungsmaßnahmen beachtet werden? (Diese sind in jedem Bundesland unterschiedlich und zu prüfen.)

### f. Vernetzung

Netzwerke mit weiteren externen Partnern, insbesondere lokalen und regionalen, spielen für den Erfolg von Kooperationen eine große Rolle. So ist eine gute Vernetzung der am Projekt Beteiligten sehr wichtig, um Projektstrukturen zu optimieren und gemeinsame Ziele zu verfolgen. Netzwerke sind aber auch sehr hilfreich bei der Werbung für das Projekt an den Institutionen. Die Wichtigkeit der Projekte für Schulprofile, Image etc. kann über Dritte deutlich gemacht werden. Regelmäßige Berichte für die Presse fördern die öffentliche Akzeptanz der Zusammenarbeit. Von außen herangetragene Anerkennung des Projekts, bestenfalls unterstützt durch die Patenschaft einer wichtigen Persönlichkeit, unterstützt ein dauerhaftes Interesse der Institutionen an der Durchführung der Kooperation. Auch für die Akquise von Finanz- und Sachmitteln ist der Aufbau eines dem Projekt positiv gegenüberstehenden Netzwerkes sehr wertvoll. Durch die Einbindung vieler Partner kann die Nachhaltigkeit von Projekten gesichert werden.

*„Gute Zusammenarbeit von Schulen und Museen benötigt verlässliche und transparente Rahmenbedingungen. Die Akteure der Schul-, Bildungs- und Kulturpolitik müssen diese mit dem Ziel der Vernetzung, Verstetigung und Nachhaltigkeit bereit stellen. Auf dieser Basis entstehen kreative Freiräume für Bildungserlebnisse, die Neues in die jeweils andere Institution hineintragen – eine Bedingung für die erfolgreiche Begegnung von Museum und Schule."* **Dr. Simone Mergen, Museumspädagogin, Stiftung Haus der Geschichte der Bundesrepublik Deutschland, Bonn**

Verschiedene Ebenen der Vernetzung sind:

- Lehrerinnen und Lehrer
- Museumsmitarbeiterinnen und Museumsmitarbeiter
- Schülerinnen und Schüler
- Eltern und ihre Netzwerke
- Interessierte Öffentlichkeit
- Presse, (lokale) Medien
- Stadt samt ihrer Institutionen
- Lokale Politik
- Andere Kultureinrichtungen
- Unternehmen
- Sponsoren
- Universitäten/Hochschulen
- Dritte Experten

### Umsetzungsaspekte beim Aufbau der Netzwerke

Methoden

- Newsletter für Lehrkräfte
- Anbieten eigener Lehrerfortbildungen
- Special Events für Schulleitungen
- Schulmitgliedschaften, Schuljahrespässe
- Pressetermine, Tage der offenen Tür
- Beiträge für Schul-Jahresberichte oder Jahrbücher
- Give-aways (z. B. Visitenkarten mit Objekten aus dem Museum)

Strategien

- Recherche vor Ort (Was ist in den letzten Jahren an wichtigen Aktivitäten in dem Bereich geschehen?) und darausfolgend die eigene Positionierung
- Besetzung und Nutzung aktueller Begriffe und Anknüpfen an aktuelle Diskurse, die relevant sind und Akzeptanz finden (z. B. „Bildungslandschaft")
- Selbstbewusstes Benennen und Kommunizieren der erwarteten Ergebnisse („Wertschöpfung")

Vernetzungen in einem Projekt

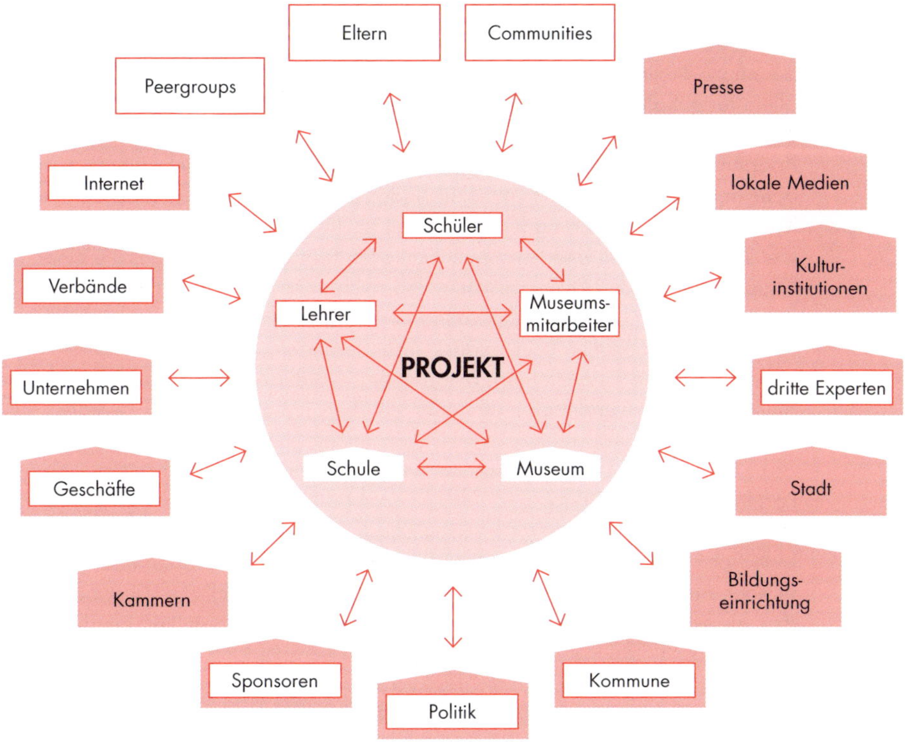


Institution

Menschen/Personen

## 2. Eine Kooperationsvereinbarung als Fundament der Zusammenarbeit

Die Basis eines Kooperationsprojekts bilden die Idee, die gemeinsam ausgestaltet und strukturiert wird, und die definierten Ziele und Methoden des Projekts. Doch neben den inhaltlichen Projektbedingungen gibt es auch äußere, die am besten bereits zu Beginn einer Kooperation bedacht, gemeinsam vereinbart und vor allem festgehalten werden. Hierfür bieten sich Kooperationsvereinbarungen an.

Kooperationsvereinbarungen erscheinen als bürokratischer Mehraufwand, können aber in der Praxis sehr hilfreich sein. Jede Kooperation sollte prüfen, ob eine Kooperationsvereinbarung für sie sinnvoll ist. In einer solchen können ganz konkret Zuständigkeiten und Verantwortlichkeiten festgehalten werden, die eine Kooperation für den Projektzeitraum und auch über die reine Projektlaufzeit hinaus strukturieren können. Kooperationsvereinbarungen sollten aber auch relativ frei und offen formuliert sein, sodass Veränderungen, beispielsweise in der Personalstruktur und Finanzierung, aufgefangen werden können. Natürlich können die Kooperationsvereinbarungen jederzeit überprüft und verändert werden. Sie sind als ein sich weiterentwickelndes Abkommen anzusehen, das die vielen wichtigen „Kleinigkeiten" regelt (Personen, Mittel etc.) und Verbindlichkeit zwischen den Partnern schafft.

Jede Kooperation sollte eine eigene Form der Kooperationsvereinbarung finden. Je nach Bedarf kann diese einem Vertrag ähneln und rechtliche Vorgaben abbilden, sie kann aber auch sehr offen und freundschaftlich formuliert werden.

Was also gehört in eine Kooperationsvereinbarung?

- Darstellung des Gesamtkonzepts (Projektinhalt/-thema, Meilensteine, Eckpunkte)
- Zuständigkeiten (Wer übernimmt welche Rolle? Wer unterschreibt? Unterschreiben auch Schüler?)
- Finanzierung
- Versicherung/Transport/Aufsichtspflicht
- Kommunikationswege (Wer ist Ansprechpartner für wen in welchem Fall?)
- Öffentlichkeits- und Pressearbeit
- Bedenken möglicher Stolpersteine
- Plan B (Was ist ein Lösungsweg bei möglichem Scheitern?)

# Muster

**MUSTER**

## Kooperationsvereinbarung

Zwischen

SCHULE
ANSCHRIFT

vertreten durch: PERSON XY

- nachfolgend **Schule XY** genannt -

und

MUSEUM
ANSCHRIFT

vertreten durch: PERSON XY

- nachfolgend **Museum XY** genannt -

wird folgende Vereinbarung getroffen:

**1. Inhalt**

Die Schule XY und das Museum XY gehen eine Kooperation für den Zeitraum von TT.MM.JJJJ bis TT.MM.JJJJ ein. Während dieser Zeit wird ein Projekt zum Thema XX in den Jahrgangsklassen XY durchgeführt.

PROJEKTBESCHREIBUNG

- Inhalt
- Thema
- Ziel des Projekts
- Art und Umfang des Projekts
- Einbindung der Schüler in die Projektkonzeption
- Mögliche Stolpersteine
- Mögliche dritte Partner/regionale Vernetzung
- Ist eine dauerhafte Zusammenarbeit angestrebt?

Muster

## 2. Aufgaben

Im Rahmen der Partnerschaft/Kooperation übernehmen die Projektpartner folgende Aufgaben:

Museum:

KLÄRUNG DER AUFGABENVERTEILUNG IN DEN BEREICHEN:
- Zuständigkeiten
- Mittel/Finanzen
- Raum
- Sachmittel
- Inhaltliche Vorbereitung
- Pädagogische Durchführung
- Öffentlichkeitsarbeit (Werbung, Veröffentlichung, Pressekontakt etc.)
- Versicherungen

Schule:

KLÄRUNG DER AUFGABENVERTEILUNG IN DEN BEREICHEN:
- Zuständigkeiten
- Mittel/Finanzen
- Raum
- Sachmittel
- Inhaltliche Vorbereitung
- Pädagogische Durchführung
- Öffentlichkeitsarbeit (Werbung, Veröffentlichung, Pressekontakt etc.)
- Versicherungen
- Transport der Schüler

Nach Absprache können in beidseitigem Einverständnis weitere Aufgaben vereinbart werden.

## 3. Finanzierung

Die Finanzierung des Projekts erfolgt wie nachfolgend:

DIESER PLAN ENTHÄLT DIE AUFLISTUNG DER VORAUSSICHTLICHEN KOSTEN UND DER FINANZIERUNG:

1. Mittel des Museums
2. Mittel der Schule
3. Drittmittel
4. Sponsoring/weitere eingeworbene Mittel

Muster

## 4. Meilensteinplan

GENAUER ZEITPLAN FÜR DIE GESAMTE PROJEKTLAUFZEIT:

- Abschluss der Kooperationsvereinbarung
- Vorbereitungsphase
- Beginn der Durchführungsphase
    - Einzelne Schritte der Durchführungsphase
    - Inhaltliche Gestaltung der einzelnen Projekttreffen
    - Abschlussveranstaltung/Präsentation der Projektergebnisse etc.
- Projektende
- Nachbereitungsphase

## 5. Dauer und Ende der Kooperation

Diese Kooperation beginnt am TT.MM.JJJJ und wird für den Zeitraum bis TT.MM.JJJJ geschlossen. Angestrebt wird, die Kooperation über diesen Zeitraum hinaus fortzuführen. In diesem Fall kann die Kooperationsvereinbarung verlängert werden oder eine modifizierte neue Kooperationsvereinbarung getroffen werden. Diese Kooperationsvereinbarung kann von beiden Parteien jederzeit mit einer Frist von 8 Wochen schriftlich gekündigt werden.

ORT, den ___________

VERTRETER DER SCHULE
NAME DER SCHULE

VERTRETER DES MUSEUMS
NAME DES MUSEUMS

Weitere Musterverträge:

- www.kulturellebildung-nrw.de/cms/upload/pdf/Kooperationsvereinbarung_Neusser_Mustervertrag-KulturUndSchule.pdf
- bildungsserver.berlin-brandenburg.de/fileadmin/bbb/schule/schulformen_und_schularten/ganztagsschulen/musterkoopvereinb280104.pdf
- www.kulturellebildung-nrw.de/cms/upload/pdf/Kooperationscheckliste.pdf

*„Kooperationen sollten verbindlich und möglichst mit einem Vertrag abgeschlossen werden, in dem grundsätzliche Voraussetzungen wie gemeinsame Konzeptentwicklung, personelle Mitarbeit, Zeitkontingente, Arbeitsorte, Verantwortlichkeiten für Transferwege geklärt werden. Im Idealfall wird eine Zusammenarbeit über eine längere Laufzeit geplant. Nur durch Langfristigkeit und curriculare Verankerung können Kooperationen zu einem nachhaltigen festen Bestandteil im Schulalltag wachsen."*
**Gerda Pohlmann, Referentin Visuelle Bildung, Kunstmuseum Wolfsburg**

### 3. Links und Literatur

Links

Nützliche Links für die Schaffung geeigneter Rahmenbedingungen:
www.kulturellebildung-nrw.de/cms/front_content.php?idcat=255
www.kultur-macht-schule.de
kulturundschule.de/materialien/?&id_language=1

Literatur

Hilfreiche Publikationen zur Finanzierung von Schulprojekten:
Wolfgang Koch, Ministerium für Schule und Weiterbildung, Mira Rübsamen, Stiftung Partner für Schule NRW, und Helmut Schorlemmer, Schulsponsoringberater NRW: *„Schulsponsoring heute. Leitfaden für Schulen, Schulträger und Unternehmen“* Beilage SCHULENRW, Dezember 2010. Unter: services.nordrheinwestfalendirekt.de/broschuerenservice/download/70895/schulsponsoring.pdf (vgl. S.59)

Deutsche Kinder- und Jugendstiftung gemeinnützige GmbH (DKJS) (Hrsg.) im Rahmen von „Ideen für Mehr! Ganztägig Lernen“: *„Fundraising als Herausforderung und Chance für Schulen und ihre Kooperationspartner“* Werkstatt *„Schule ist Partner!“*, Arbeitshilfe 10.
Unter: www.dkjs.de/uploads/tx_spdkjspublications/Arbeitshilfe_10.pdf

**Schülerinnen und Schüler erhalten Einblick in die Museumsarbeit**

**Projekt: Identitätsprojekte. Jugend und Migration in Kaufbeuren**

## RollenSpiele – Geschichte(n) und Identität(en) auf der Spur

**Tandem**
Pestalozzischule, Soltau (Förderschule Schwerpunkt Lernen)
Spielzeugmuseum Soltau

**Beteiligte Fächer**
Alle Fächer

**Beteiligte Schülerinnen und Schüler**
17 Schülerinnen und Schüler der 7. und 8. Jahrgangsstufe

**Dauer**
Schuljahr 2010/2011

**Idee**
Schülerinnen und Schüler beschäftigen sich mit dem Thema Spielen in allen Facetten, insbesondere auch unter dem Aspekt der Klassen- und Geschlechterspezifik. In einem zweiten Schritt werden die Erkenntnisse in ein praktisches Arbeitsergebnis umgesetzt.

**Good Practice**
Die Schülerinnen und Schüler der Förderschule beschäftigten sich in wöchentlichen Projektterminen über je zwei Schulstunden mit dem Thema Spielen und Kindheit. Sie dachten sich spielerisch in andere Zeit- und Lebenszusammenhänge ein, es wurden gezielt historische, geschlechterspezifische Rollenbilder thematisiert und das Selbstbild der Schülerinnen und Schüler befragt. Meist kam das Museumsteam hierfür in die Schule, da dort die räumliche Situation besser war als im Museum. Die Schule reservierte für das Projekt einen eigenen Raum, in dem die Ausrüstung und die Arbeitsmaterialien verbleiben konnten. Manchmal besuchten die Schülerinnen und Schüler jedoch auch das Museum oder weitere Kultureinrichtungen. Der kurzen Aufmerksamkeitsspanne der Schülerinnen und Schüler der Förderschule wurde mit häufigem Methoden- und Medienwechsel begegnet. So wurde beispielsweise mit Texten, Bildern, Filmen, Spielen und diversen Ausflügen in andere Institutionen gearbeitet. Den Abschluss des Projekts bildete eine eigene Bauaufgabe. Die Schülerinnen und Schüler bauten zwei bespielbare Flipper aus Holz, wovon einer in der Schule und einer im Museum steht.

Für die Kooperation von Schulen und Museen ist dieses Projekt von besonderem Interesse, da es hier gelungen ist:

- durch die gute personelle Betreuung und die gute Absprache zwischen Schule und Museum ein wertvolles und langfristiges Angebot für eine im Museum unterrepräsentierte Zielgruppe zu etablieren,
- durch die gute Unterstützung der Leitung der beiden Institutionen optimale Bedingungen für die gemeinsame Arbeit von Lehrkräften und Museumsfachleuten zu schaffen,
- das Projekt durch die flexible Handhabung von schulimmanenten Vorgaben wie Lehrpläne und Zeitstrukturen wesentlich zu unterstützen,
- durch die Kommunikation des Projekts im lokalen Umfeld weitere Mittel durch Sponsoring heimischer Unternehmen einzuwerben.

## Made in … – die Globalisierung in der Textilindustrie

### Tandem
Freiherr-vom-Stein-Schule, Neumünster (Gemeinschaftsschule)
Museum Tuch + Technik, Neumünster

### Beteiligte Fächer
Wahlpflichtkurs

### Beteiligte Schülerinnen und Schüler
20 Schülerinnen und Schüler der 9. und 10. Jahrgangsstufe;
Planspiel für die 7. Jahrgangsstufe

### Dauer
Schuljahr 2010/2011

### Idee
Schülerinnen und Schüler beschäftigen sich mit der Textilproduktion in Zeiten der Globalisierung und konzipieren ein Planspiel für die unteren Jahrgangsstufen, in dem die Schülerinnen und Schüler umweltbewusste und fair produzierte Mode entwickeln sollen.

### Good Practice
Die Schülerinnen und Schüler beschäftigten sich im Rahmen eines wöchentlich stattfindenden Wahlpflichtkurses mit den Strukturen in der Textilwirtschaft in einer globalisierten Welt. Zunächst wurden hierfür wirtschaftliches Basiswissen vermittelt und Begriffe und Mechanismen ausführlich diskutiert und durch Rollen- und Planspiele verdeutlicht. Durch den Besuch eines Modeunternehmens und das Interview mit dem Firmeninhaber wurde das gesammelte Wissen am praktischen Beispiel verdeutlicht. Die Schüler bereiteten dieses Interview intensiv vor und nach. Schließlich entwickelten die Schülerinnen und Schüler des Wahlpflichtkurses ein Planspiel für jüngere Kinder, in dem diese eigene Mode, die originell und nachhaltig sein sollte, entwarfen. Diese präsentierten sie auf einer Modenschau bei einer Modemesse im Museum. Die älteren Schülerinnen und Schüler übernahmen als Paten Verantwortung für die Modelabels der jüngeren Schülerinnen und trugen dadurch aktiv zum Gelingen der Modemesse bei.

Für die Kooperation von Schulen und Museen ist dieses Projekt von besonderem Interesse, da es hier gelungen ist:

- durch die Einbindung einer externen Museumspädagogin eine gute personelle Betreuung des Projekts zu gewährleisten,
- durch die Gewinnung eines dritten Partners aus der Modeszene sowohl einen inhaltlichen Experten wie auch Sponsoren zu gewinnen,
- durch das Hinarbeiten auf die öffentliche Modemesse am außerschulischen Ort Museum den Schülerinnen und Schülern eine wichtige Motivation zu geben.

# 100 Jahre Film in Babelsberg

## Tandem

Voltaire-Schule, Potsdam (Gymnasium)
Filmmuseum Potsdam

## Beteiligte Fächer

Wahlkurs „Medien und Kommunikation", Deutsch, Kunst, Geschichte, Musik

## Beteiligte Schülerinnen und Schüler

10–20 Schülerinnen und Schüler der 6.–9. Jahrgangsstufe

## Dauer

Schuljahr 2010/2011; Projektwoche für die ganze Schule

## Idee

Schülerinnen und Schüler beschäftigen sich mit dem Entstehungsprozess eines Films von der ersten Idee bis zur Kinopremiere und gestalten Begleitmaterialien für die neue Dauerausstellung des Museums.

## Good Practice

Parallel zur Entwicklung der neuen Dauerausstellung des Filmmuseums erforschten die Schülerinnen und Schüler Aspekte der deutschen Filmgeschichte. Zunächst war geplant, dass die Schülerinnen und Schüler Filmbeiträge für die künftige Dauerausstellung entwickeln sollten. Als Schwierigkeit erwies sich für die Schülerinnen und Schüler, dass sich die Planungen zur Ausstellung noch im Fluss befanden. Daraufhin wurden von den Schülerinnen und Schülern in Anlehnung an einen bereits existierenden Kurzfilm Drehbücher zum Prozess der Filmherstellung entwickelt. Hierfür wurden mehrere Workshops und Interviews mit Filmschaffenden wie z. B. einem Kameramann oder einem Regisseur durchgeführt. Ein Kooperationsvertrag fixierte die Zusammenarbeit der Schule und des Museums von Anfang an, ließ aber auch Änderungen im Projektprozess zu.

Für die Kooperation von Schulen und Museen ist dieses Projekt von besonderem Interesse, da es hier gelungen ist:

- durch einen Kooperationsvertrag von Anfang an Verantwortlichkeiten im Projekt zu definieren, ohne dass nötige Veränderungen im Projektdesign behindert wurden,
- durch die Einbindung von dritten Partnern wie dem Kameramann oder dem Regisseur fachliche Expertise in das Projekt zu bringen, die die Schülerinnen und Schüler motivierte und die Vorstellungen für die eigene Arbeit konkretisierte.

## Kleine Welt im Koffer

**Tandem**
Schule für Erziehungshilfe Tüllinger Höhe, Lörrach
Museum am Burghof, Lörrach

**Beteiligte Fächer**
Geschichte, Deutsch, Kunst

**Beteiligte Schülerinnen und Schüler**
Durchführung in 3 Schulklassen: Förderschulklasse mit 8 Schülerinnen und Schülern Niveau 6.–8. Jahrgangsstufe, Hauptschulklasse mit 5 Schülerinnen und Schülern Niveau 7. Jahrgangsstufe, Grundschulklasse mit 10 Schülerinnen und Schülern Niveau 3.–4. Jahrgangsstufe

**Dauer**
November 2010 – Juni 2011: je Klasse 5 Module in einem Gesamtzeitraum von 6–8 Wochen

**Idee**
Schülerinnen und Schüler recherchieren die Geschichten von Objekten aus der Dauerausstellung des Museums. Mit ihren Ergebnissen gestalten sie einen Koffer, der im Museum ausgestellt und vor weiteren Schulklassen präsentiert wird.

**Good Practice**
Die Schülerinnen und Schüler lernten in dem Projekt „Kleine Welt im Koffer" das Museum als Ort kennen, an dem Zeugnisse und Spuren der Geschichte gesammelt, bewahrt und präsentiert werden. Sie inszenierten einen eigenen Reisekoffer mit Museumsexponaten und ließen diese Objekte aus ihrer Geschichte berichten. Anhand der von ihnen ausgewählten Objekte übten sie exemplarisch verschiedene Methoden des Recherchierens ein. Hierfür wurden weitere Institutionen ins Projekt eingebunden: In der Stadtbibliothek nutzten die Jugendlichen Internet und Bücher für ihre Recherche. Im benachbarten Seniorenheim führten sie Interviews mit den Bewohnern, auf die sie sich vorher intensiv vorbereitet hatten. Auf diese Weise entstand ein generationenübergreifender Dialog zwischen den Schülerinnen und Schülern der Schule für Erziehungshilfe und den Senioren, der auf andere Weise nie entstanden wäre und der die Schülerinnen und Schüler nachhaltig beeindruckte.

Für die Kooperation von Schulen und Museen ist dieses Projekt von besonderem Interesse, da es hier gelungen ist:

- das Projekt durch die Einbindung weiterer Institutionen inhaltlich zu erweitern,
- generationenübergreifend zu arbeiten,
- die soziale Kompetenz der Schülerinnen und Schüler durch die persönliche Begegnung mit den Senioren zu stärken,
- Methoden der wissenschaftlichen und mediengestützten Recherche zu fördern und zu trainieren,
- durch die Zusammenarbeit verschiedener Kultur- und Bildungsinstitutionen eine dauerhafte Vernetzung innerhalb der örtlichen Kulturlandschaft zu erzeugen.

## Die Praxis: So geht Kooperation.

Originale Gemälde betrachten, die Funktion alter Handwerksgeräte erforschen, ländliche Häuser erkunden, seltene Objekte in einem Museumsdepot entdecken oder im Team eine Ausstellung konzipieren – Schülerinnen und Schüler können im Museum mit allen Sinnen eine andere Welt erforschen, die ihnen in Schulbüchern oder im Klassenraum nicht zur Verfügung steht. Es ist wünschenswert, dass sich Schulen und Museen deshalb zu langfristigen Kooperationen zusammenfinden, die über den „Verlegenheits-Museumsbesuch" beim Schulausflug am Ende des Schuljahres hinausgehen.

Diese Zusammenarbeit von Schule und Museum kann einen regelmäßigen Museumsbesuch, z. B. in einer Jahrgangsstufe oder zu einem festgelegten Zeitraum, aber auch ein langfristiges Projekt beinhalten. Vielfältige Formate, unterschiedliche Methoden und Ergebnisformen stehen den Beteiligten zur Verfügung, die je nach Altersstufe und Zeitkontingent ausgewählt werden können.

### 1. Projekte und ihre Planung

Eine erste Idee und persönlicher Kontakt stehen oftmals am Anfang einer späteren langen Partnerschaft. Klare Verantwortlichkeiten, ständiger Austausch und Verständnis für die „andere Seite" sind gute Voraussetzungen für eine erfolgreiche Zusammenarbeit. Die einzelnen Projektprozesse und Arbeitsschritte werden in der beigefügten Checkliste aufgelistet. Die umfangreiche Auflistung soll vor möglichen kritischen „Stolpersteine" warnen.

Die inhaltliche Anknüpfung eines Projektes an den Lehrplan erleichtert es Lehrkräften, den Bezug des Museumsbesuchs zum Schulalltag zu finden. Die Arbeit mit einem Museum ist aber auch dann für Schulen sinnvoll, wenn auf den ersten Blick kein direkter Bezug zum Lehrplan gegeben ist.

*„Schülerinnen und Schüler schätzen Projekte im Museum besonders dann, wenn sie selbst mitbestimmen dürfen, wenn ihre Ideen ernst genommen werden und sie in kleinen Teams selbstständig arbeiten können. An eine solche Arbeitsweise müssen sie jedoch oft erst herangeführt werden. Und auch für die Begleiter sind prozessorientierte und ergebnisoffene Projekte eine große Herausforderung – denn sie müssen eine gute Balance finden zwischen ‚Anleitung und Freiheit' – doch sie ermöglichen zukunftsweisende Lernerfahrungen."* **Dr. Carola Marx, Projekt „Kulturelle Bildung – Lernen im Museum", Deutsches Hygiene-Museum Dresden**

## Checkliste für eine Kooperation

| | Schritte bei einer Kooperationsplanung |
|---|---|
| Kooperationsplanung | • Vorbereitender Besuch im Museum/Vorbereitender Besuch in der Schule<br>• Gemeinsame Ideenfindung von Lehrkräften, Schülern und Museumsfachleuten zu einem unterrichtsrelevanten Kooperationsthema<br>• Fächerübergreifende Zusammenarbeit z. B. mit Deutsch, Kunst, Erdkunde<br>• Mögliche Kooperation mit Dritten (z. B. Archiv, Ensemble, Denkmal, Theater, Kino, Tanztheater, Orchester, Zeitzeugen, Seniorenheim etc.) |
| Vorbereitung mit den Schülerinnen und Schülern | • Abfrage der Schülerinteressen<br>• Zusammensetzung der Gruppe (z. B. Herkunftsländer, Geschlecht, Beeinträchtigungen, Migrationshintergrund, Religion)<br>• Vorwissen der Schülerinnen und Schüler<br>• Einführung in die Institution Museum |
| Abklärung der Situation im Museum | • Ansprechpartner im Museum<br>• Angebote im Museum (Führungen, Arbeitsraum)<br>• Öffnungszeiten des Museums<br>• Kosten (Transport, Eintritt) |
| Abklärung der Situation in der Schule | • Genehmigung durch die Schulleitung<br>• Terminabsprache<br>• Absprache mit den Kollegen<br>• Begleitpersonen |
| Kooperationsziele/ Prozessqualität | • Regelmäßiger Kommunikationsaustausch der Partner<br>• Im Falle des Scheitern „Plan B" im Kopf haben bzw. einsetzen<br>• Sicherung der Ergebnisse<br>• Besprechen von Schülerfragen und Meinungen<br>• Definieren und Entwickeln eines Endproduktes/einer Endpräsentation<br>• Kommunikation an die Öffentlichkeit (Lehrerschaft, Museumsumfeld, Eltern etc.) |

| | Schritte bei einer Kooperationsplanung |
|---|---|
| Informationsmöglich-keiten | • Im Museum evtl. vorhandene Schriften zum jeweiligen Projekt-thema<br>• Einbeziehung von „Experten" innerhalb oder außerhalb des Museums<br>(Wissenschaftler, Restauratoren, Künstler, Zeitzeugen etc.) |
| Sonstiges | • Information der Eltern (veränderte Unterrichtszeiten, anfallende Kosten, Fotogenehmigung …)<br>• Verhaltensregeln für die Schülerinnen und Schüler |

## 2. Kooperations-Formate

So unterschiedliche Museumssparten es gibt (Kunst-, Technik-, Naturkundemuseen, Archäologische und Freilichtmuseen, Handwerker- und Schlossmuseen u. a. m.), so vielfältig sind die Möglichkeiten für Schulklassen, das Museum aktiv zu nutzen. Sie reichen vom einmaligen Museumsrundgang bis zu langfristigen Projekten, die während eines ganzen Schuljahres in regelmäßigen Abständen im Museum stattfinden können.

Das jeweilige **Format** sollte gemeinsam von Lehrkräften und Museumsfachleuten unter Einbeziehung der Schülerinnen und Schüler ausgesucht und auf die jeweilige Altersstufe und den gewünschten Bildungsinhalt passend gewählt werden.

Es gibt ganz unterschiedliche Formen der Zusammenarbeit von Schule und Museum. Führungen gehören zum Standardangebot der Museen. Man kann zwischen dialogischen Führungen, Theaterführungen, Mitmachführungen, Führungen mit anschließendem Workshop oder Schüler führen Schüler auswählen. Bei Projektarbeit (Projekttage, Projektwochen oder langfristige Projekte) steht der aktive Schüler im Mittelpunkt. Langfristige Kooperationen können umfassen:

- regelmäßige Projekttage, Projektwochen oder ein langfristiges Projekt
- Unterricht im Museum
- einen wöchentlichen Museumstag über einen gewissen Zeitraum
- regelmäßige Museumsaktivitäten im Schulablauf
- Projektwiederholung mit der gleichen Altersstufe
- schuljahrumfassende Vormittags- oder Nachmittagsangebote für Ganztagsschulen, während des Regelunterrichts oder als offenes Angebot

Außerdem verfügen Museen über ergänzende **Materialien**, die einzelne Exponate oder Themenbereiche vertiefen:

- Museumskoffer
- Unterrichtshandreichungen
- Aktiv- und Arbeitsblätter
- Bastel- und Rätselbogen etc.

Viele dieser Materialien sind zur Vor- und/oder Nachbereitung eines Museumsbesuchs geeignet.

## 3. Methoden

Für Schülerinnen und Schüler sollten stets neben den fachlichen Informationen zu den Exponaten und zum Ausstellungsthema auch handlungsorientierte Elemente in der gemeinsamen Projektarbeit von Schule und Museum enthalten sein.
Für die Arbeit mit Schülerinnen und Schülern im Museum eignen sich aktivierende Herangehensweisen, die Kinder und Jugendliche zur Selbsttätigkeit anleiten und die ihre fachlichen, methodischen und sozialen Kompetenzen fördern. Das Museum bietet gute Voraussetzungen für das Lernen künstlerischer und gestalterischer Techniken, kreativer und spielerischer Methoden sowie für das entdeckende Forschen mit allen Sinnen. Durch das Kennenlernen und die Nachahmung der Arbeitsweise des Museums – das Sammeln, Bewahren, Interpretieren und Präsentieren – lernen die Schüler den kritischen Umgang mit dem kulturellen Erbe, mit Geschichte, Gegenwart und Zukunft.

Im Museum sind vor allem offene Vermittlungsmethoden mit partizipativem, erlebnisorientiertem Charakter in unterschiedlichen Sozialformen möglich. Schülerinnen und Schüler erlernen außerdem aufgrund des anderen Zeitrahmens eingehend reflexive, vertiefende Betrachtungsmethoden.

*„Die klassische Führung – Frontalunterricht im Gehen – ist sicherlich die meistverbreitete Methode für Schulklassen im Museum. Handlungsorientierung und kreative Arbeit bis hin zu Theaterspiel und Creative Writing fördern und fordern die Kinder und Jugendlichen jedoch deutlich stärker. Der Königsweg ist sicherlich, die Zielgruppe selbst zu Vermittlern werden zu lassen – durch Traineeprogramme, Cicerone-Systeme oder eigene Schulausstellungen im Museum."* **Dr. Matthias Hamann, Direktor des Museumsdienstes Köln**

## Checkliste Methoden

### Partizipative – teilhabende Methoden

### Offene Methoden

Stationenarbeit, Gruppenpuzzle …

**Kreative – gestalterische Methoden**
Fantasieren, Ausschweifen, Erfinden …

**Künstlerische – bildnerische – handwerkliche Methoden**
Zeichnen, Malen, Fotografieren, Filme erstellen, Modelle bauen, Drucken, Vorführen von Techniken, Vorführen von Maschinen, Erzählen, Schreiben, Dichten …

**Spielerisch-assoziative Methoden**
Spielen, Puzzle, Quiz …

**Entdeckend-forschende Methoden**
Fragen stellen an Objekte, Recherchieren, Experimentieren, Quellenarbeit, Analysieren, Zeitzeugen befragen, Interpretieren, Vergleichen …

**Sinne ansprechen**
Schmecken, Riechen, Tasten, Hören …

**Museumsarbeit transportieren**
Sammeln, Bewahren, Depotausflug, Blick hinter die Kulissen …

**Darstellende Methoden**
Bewegen, Singen, Tanzen, Rollen spielen, Theater, Sport …

### Erlebnisorientierte Methoden

## 4. Endprodukte gemeinsamer Projektarbeit

Die gemeinsame Motivation der Schülerinnen und Schüler steigert sich und die Nachhaltigkeit ist größer, wenn ein Endprodukt, eine Aufführung, eine Präsentation, eine Ausstellung oder ein anderes nachhaltiges Endergebnis den Abschluss der Museumsaktivität bilden. Für alle am Projekt Beteiligten wie für den Projektprozess ganz allgemein ist es ein besonderes Erlebnis und damit von nachhaltiger Bedeutung, wenn sie am Ende eines Museumsprogramms ihr Ergebnis vor den Mitschülern, Eltern und Lehrern oder sogar vor einem größeren Publikum im Schulraum, in den Museumsräumen oder auf einer anderen Bühne präsentieren können und müssen.

### Checkliste Endprodukte

#### Neue Medien

Internetseiten, Apps, Blogs, DVDs, Power-Point-Präsentationen, virtuelle Museen oder Ausstellungen, Newsletter, Foren, Social Networks, Lernplattformen

#### Medien

Filme, Audioguides, CDs, Hörspiele, Fotos, Musikstücke, Klang- oder Lichtinstallationen, Medienbeiträge

#### Gedruckte Publikationen/Druckerzeugnisse/Printmedien

Begleitbücher, Comics, Kalender, Pixibücher, Kinderkataloge, Tagebücher, Zeitungen, Flyer, Plakate

#### Spiele

Interaktive Spiele, Puzzles, Memory, Kartenspiele, Quiz, Detektiv- oder Forscherspiele, Brettspiele, Museumsrallyes

#### Pädagogische Materialien

Arbeitsblätter, didaktische Elemente, Instrumente, Modelle, Museumskoffer

#### Präsentationen/Aufführungen

Schülerpräsentationen und -führungen, Schüler führen Schüler/Kinder/Erwachsene, Schreibwerkstätten, Rollenspiele, Inszenierungen, Tänze, Podiumsdiskussionen, Wettbewerbe, Workshops

#### Praktische/kreative/künstlerische Werke

Handwerkliche, künstlerische Arbeiten, Bilder, Objekte, Modelle, Collagen, Ausstellungen

## 5. Links und Literatur

### Links

Datenbanken zur Bildungs- und Vermittlungsarbeit in deutschen Museen und Ausstellungshäusern mit zahlreichen Projektbeispielen:
www.museumbildet.de
www.komm-museum.de
www.kulturellebildung-nrw.de
www.sachsens-museen-entdecken.de
www.abenteuer-museum.rlp.de
www.datenbankkulturellebildung.de

Praxisbeispiele aus den „Kinder zum Olymp!"-Wettbewerben:
www.kinderzumolymp.de/cms/Praxisbeispiele.aspx

Projektdokumentation und Projektbeispiele aus dem Projekt LernStadtMuseum in Sachsen:
www.sachsen-macht-schule.de/lernstadtmuseum

Informationen zu Museumskoffern und zu deren Einbindung in museale und schulische Konzepte:
www.museumskoffer.de

### Literatur


Zur Projektarbeit:
Sächsisches Staatsministerium für Kultus und Sport (Hrsg.): *Von der Themenfindung bis zur Dokumentation – 12 Tipps für Lehrerinnen und Lehrer. „Klasse" Das Magazin für Schule in Sachsen*, 3/2010

Zur Zusammenarbeit von Schulen und Museen:
Arbeitsstelle Kulturelle Bildung in Schule und Jugendarbeit NRW (Hrsg.): *Schule, Jugendarbeit und Museen.* merkheft. 01, Remscheid 2010
Hannelore Kunz-Ott (Hrsg.): *Museum und Schule. Wege zu einer erfolgreichen Partnerschaft*, Berlin 2005
Martin Salesch, Felicitas Bergner: *Museen gehen zur Schule.* Veröffentlichungen des Museumsverbands im Landkreis Celle 3, Wietze 2011
Ernst Wagner, Monika Dreykorn (Hrsg.): *Museum Schule Bildung. Aktuelle Diskurse – Innovative Modelle – Erprobte Methoden*, München 2007

## 6. Good Practice

# Ich sehe was, was Du nicht siehst

Tandem

Montessori-Schule, Greifswald (Grundschule mit angeschlossener Orientierungsstufe)
Pommersches Landesmuseum, Greifswald

Beteiligte Fächer

Kunst, Deutsch, Musik, Geschichte, Naturwissenschaft, Medienkompetenz

Beteiligte Schülerinnen und Schüler

18 Schülerinnen und Schüler der 5. und 6. Jahrgangsstufe

Dauer

Juni – September 2011

Idee

Schülerinnen und Schüler planen und setzen anschließend einen einführenden Kurzfilm zum Museum um, der Lust auf den Rundgang macht.

Good Practice

Die Schülerinnen und Schüler wählten zunächst jeweils ein Objekt des Museums aus, mit dem sie sich intensiv beschäftigten. Anschließend machten sie sich gruppenweise mit den einzelnen Abteilungen des Museums bekannt. Durch Bewegungs-, Körper- und Raumübungen wurden sie vertieft mit dem Museum vertraut gemacht und für die weitere kreative Arbeit motiviert. In einer Drehvorbereitungswoche scribbelten die Schülerinnen und Schüler unter Anleitung eines Filmemachers ihre Ideen für den Einführungsfilm und entwickelten diese zu Drehbüchern weiter. Während einer Drehwoche entstanden dann die einzelnen Sequenzen, die schließlich zum Einführungskurzfilm zusammengefügt wurden. Das Medium Film übte auf die Schülerinnen und Schüler eine besondere Faszination aus und war ein wesentlicher Motivationsgrund.

Für die Kooperation von Schulen und Museen ist dieses Projekt von besonderem Interesse, da es hier gelungen ist:

- die Schülerinnen und Schüler durch das Projektziel, selbst einen Film zu erstellen, zu begeistern,
- die verschiedensten Begabungen der Schülerinnen und Schüler durch die Filmarbeit einzubinden,
- die Schülerinnen und Schüler durch die Methode Film für die unterschiedlichsten Sinne zu sensibilisieren,
- die Schülerinnen und Schüler durch die Herstellung eines Films zu Vermittlern der Museumsinhalte aus ihrer Sicht werden zu lassen.

## Jugendliche führen Kinder durchs Museum

### Tandem
Carl-Orff-Realschule Plus, Bad Dürkheim
Pfalzmuseum für Naturkunde – POLLICHIA-Museum, Bad Dürkheim

### Beteiligte Fächer
Deutsch, Sozialkunde, Physik, Erdkunde, Biologie, Musik

### Beteiligte Schülerinnen und Schüler
50–60 Schülerinnen und Schüler der 9. Jahrgangsstufe

### Dauer
Projektwoche im Oktober 2010; Präsentation Juni 2011

### Idee
Schülerinnen und Schüler bearbeiten die Abteilung „Polarforschung" und stellen das historische Thema in den aktuellen Kontext des Klimawandels. Zu ausgewählten Aspekten entwickeln sie Audio-Führungen für Kinder in verschiedenen Muttersprachen.

### Good Practice
Die Schülerinnen und Schüler beschäftigten sich im Museum mit dem Thema Polarforschung. Nach mehreren Vorträgen von Experten näherten sie sich dem Thema aus persönlicher Sicht, wählten Objekte aus, über die sie Hörstücke für einen Audioguide erstellen wollten. Während einer Projektwoche schrieben die Jugendlichen die Texte und sprachen diese auch selbst ein. Auch beim Schnitt der Aufnahmen der einzelnen Stationen waren sie beteiligt. Sie arbeiteten konzentriert an dem für sie fremden Thema, um das attraktive Endprodukt Audioguide professionell zu gestalten. Dass die Audio-Führung langfristig im Museum verbleibt, war ein weiterer Grund für die hohe Motivation. Bei einer offiziellen Veranstaltung wurde das neue Audioguide-Angebot des Museums vorgestellt.

Für die Kooperation von Schulen und Museen ist dieses Projekt von besonderem Interesse, da es hier gelungen ist:

- durch das für Schülerinnen und Schüler reizvolle Endprodukt Audioguide, das langfristig im Museum verbleibt, eine hohe Motivation der Beteiligten zu erreichen,
- dass die Jugendlichen das fremde Thema Polarforschung in ihre Sprache und Lebenswelt bringen und aus ihrer Sicht an andere Jugendlichen vermitteln.
- unterschiedliche Unterrichtsfächer in einem Projekt zu verknüpfen.

# Bühnenstück

Tandem

Sekundarschule „Am Rathaus", Dessau
Stiftung Bauhaus, Dessau

Beteiligte Fächer

Kunst, Musik

Beteiligte Schülerinnen und Schüler

20 Schülerinnen und Schüler der 9. Jahrgangsstufe

Dauer

Mai 2010 – April 2011

Idee

Schülerinnen und Schüler unterschiedlicher Herkunft erarbeiten – inspiriert von den Bauhaustänzen und dem „Triadischen Ballett" Oskar Schlemmers – ein eigenes Stück für die berühmte Bauhausbühne und führen dieses auf.

Good Practice

Nach einer inhaltlichen Einführung in die Geschichte des Bauhauses, der Bauhausbühne und in das abstrakte Tanztheater, erarbeiteten die Schülerinnen und Schüler im Kunst- und Musikunterricht ein eigenes Bühnenstück. In Kleingruppen wählten die Schüler zunächst ein eigenes Musikstück, zu dem dann modellhaft Kostüme und Figurinen entstanden. Hieraus wiederum entwickelten sie nach und nach Bühnenszenen mit Figuren, Kostüm- und Bühnengestaltung, Handlungsablauf und Effekten. In einer Projektwoche wurden diese Entwürfe unter Anleitung mehrerer Pädagogen zu einer Bühneninszenierung zusammengeführt. Die Schülerinnen und Schüler organisierten mit großem Aufwand alles, was für eine solche Präsentation nötig ist: vom Licht bis zum Einlass, vom Programm bis zum Catering. Die öffentliche Aufführung auf der Bauhausbühne bildete schließlich den Höhepunkt und Abschluss des Projekts.

Für die Kooperation von Schulen und Museen ist dieses Projekt von besonderem Interesse, da es hier gelungen ist:

- durch das Hinarbeiten auf die öffentliche Aufführung bei den Schülerinnen und Schülern ein Bewusstsein für die eigene Verantwortung im Projekt zu wecken,
- die anfänglichen Ängste der Schülerinnen und Schüler in Motivation umzuwandeln durch die gemeinsame Entwicklung des Bühnenstücks, der Kostüme und der Inszenierung im offenen Prozess,
- durch die Möglichkeit, auf einer echten und zudem historisch bedeutsamen Bühne aufzutreten, die Konzentration der Schüler und Schülerinnen auf das Projekt zu wecken,
- durch genügend Zeit und Geduld die Schüler und Schülerinnen für neue, für sie ungewohnte Bildsprachen (als dritte „Sprache" über kulturelle Unterschiede hinweg) zu öffnen.

# Identitätsprojekte. Jugend und Migration in Kaufbeuren

### Tandem
Gustav-Leutelt-Schule, Kaufbeuren (Hauptschule)
Stadtmuseum Kaufbeuren

### Beteiligte Fächer
Alle Fächer

### Beteiligte Schülerinnen und Schüler
2 Klassen mit je 18 Schülerinnen und Schülern der 5. Jahrgangsstufe

### Dauer
April – Juli 2010: Durchführung; danach Erstellung der Medienstation

### Idee
Schülerinnen und Schüler setzen sich mit ihrem Alltag und ihren Freizeitorten auseinander, machen Fotos davon, interviewen sich gegenseitig zu ihrem Lieblingshobby und gestalten mit den Ergebnissen eine eigene „Vitrine".

### Good Practice
Die Museumsmitarbeiterinnen besuchten die Schülerinnen und Schüler im zweiwöchigen Rhythmus während des Regelunterrichts für mindestens zwei Schulstunden in der Schule. In dieser Zeit wurden Themen wie die Freizeitbeschäftigungen und -orte der Jugendlichen, Interviewtechniken, Bildkomposition und Texterstellung sowie Funktions- und Arbeitsweisen eines Museums bearbeitet. Durch den Besuch einer stadthistorischen Ausstellungssequenz und die Besichtigung des Museumsdepots wurde Verständnis für den Umgang mit historischen Objekten geweckt und das Thema Vitrinengestaltung veranschaulicht. Medienkompetenz erwarben sich die Schülerinnen und Schüler durch eigene Fotoarbeiten. Nach diesen Vorarbeiten gestaltete jede Schülerin und jeder Schüler eine individuelle Vitrine in Form eines Schuhkartons mit eigenem Farbkonzept, Hintergrundbild, dreidimensionaler Veranschaulichung der Freizeitbeschäftigung durch ein zentrales Objekt und erläuternden Texten. Diese Vitrinen wurden bei einer Ausstellung der Öffentlichkeit präsentiert.

Für die Kooperation von Schulen und Museen ist dieses Projekt von besonderem Interesse, da es hier gelungen ist:

- durch die Gestaltung einer eigenen Vitrine Verständnis für die Arbeitsweise eines Museums zu wecken,
- bei den Schülerinnen und Schülern durch das Hinarbeiten auf die öffentliche Präsentation Konzentration und Verantwortlichkeit für das eigene Projektergebnis zu erzeugen,
- durch die öffentliche Präsentation der Projektergebnisse im Rahmen einer Ausstellung in einem Museum den Jugendlichen Wertschätzung für ihre geleistete Arbeit entgegenzubringen und sie selbst zu Akteuren im Kulturbereich werden zu lassen,
- Themen aus dem Jugendalltag durch die Akteure selbst ins Museum zu bringen.

## Qualitätsmerkmale: Darauf kommt es an.

Wie erfasst man die Qualität kultureller Bildungsprojekte? Eine Frage, die von der Politik- und Verwaltungsebene über die Wissenschaft bis in die pädagogische und kulturelle Praxis alle beschäftigt. Eine erste Antwort aus der Projekterfahrung von schule@museum lautet: Die Qualität kultureller Bildung besteht gerade darin, dass es eben keine allgemeingültige Antwort auf die obige Frage gibt. Wohl aber gibt es eine Reihe von Aspekten, über die sich die Bildungspartner auf der Grundlage der Situation vor Ort verständigen sollten. Die hier aufgeführten Merkmale sind deshalb keine Muss-Kriterien, vielmehr bieten sie eine Auswahl an, aus der die jeweiligen Projekte sinnvolle benennen und auf deren Erfüllung sie gemeinsam mit den Teilnehmenden hinarbeiten können.

### 1. Qualitätsmerkmale

Auf allen Ebenen eines Projektes kommen Qualitätskriterien zum Tragen, beispielsweise

- bei der von den Beteiligten subjektiv empfundenen Qualität des (pädagogischen und kommunikativen) Prozesses oder
- bei der ästhetischen Qualität des künstlerischen Endprodukts.

Aus der Sicht der Initiative schule@museum gibt es zentrale Aspekte, die dabei immer erörtert werden sollten:

#### a) Partizipation ermöglichen und Lebensweltbezug beachten

Je früher und je intensiver Kinder und Jugendliche in die Planung und Durchführung eines Projektes eingebunden werden, umso mehr werden sie dieses als ihr eigenes auch vorantreiben. Beide Institutionen, Schule und Museum, müssen deshalb **Kinder und Jugendliche als Partner** im Geschehen ernst nehmen und die unterschiedlichen Potenziale, die diese mitbringen, nutzen. Bei der Übertragung von Verantwortung an Kinder und Jugendliche spielen folgende Aspekte eine wichtige Rolle:

- ihr Alter
- ihre Grundkenntnisse
- ihre Kompetenzen
- ihre individuellen Ressourcen und besonderen Fähigkeiten (z. B. technische, musische, soziale, rhetorische Begabungen und Interessen)

Wichtig ist es dabei, die Lebenswelt der Schülerinnen und Schüler zu kennen oder zu Projektbeginn kennen zu lernen, damit die Platzierung des Projektthemas zwischen Lebensweltbezug und Fremdheit gelingt. Haben die Themen des Projektes einen wirklichen Bezug zur Lebenswelt der Schüler und zu ihrem Alltag, kann auch ihr Selbst- und Kulturverständnis zum Tragen kommen, das oftmals völlig anders gelagert ist als das von Erwachsenen bzw. von Professionellen.

Schülerorientierung in kulturellen Projekten stellt nicht nur kognitive Leistung in den Vordergrund, sondern fördert auch die Lust der Schülerinnen und Schüler, etwas zu gestalten und kreativ zu sein. Während die Lehrenden neue Seiten und Talente an ihren Schülerinnen und Schülern entdecken können, bietet sich für die Museen die Chance, mehr über die Zielgruppe zu erfahren und ihr Angebot auf die potenziellen zukünftigen Besucher zuzuschneiden.

Partizipationsfähigkeit kann nicht vorausgesetzt werden und zu große Freiräume können zu Überforderung führen, deshalb kommt der **Projektleitung** hier eine wichtige Rolle zu. Sie muss die Rahmenbedingungen abstecken und klare Umgangsregeln bestimmen. Entscheidend ist hierbei, dass die Projektleitung sich selbst als lernende versteht. Sie muss ihre Position immer wieder hinterfragen und bereit sein, diese auch zu korrigieren.

**Checkliste**

- Werden die Partner (Schüler, Partnerinstitutionen etc.) in die Planung einbezogen?
- Wurden individuelle Schülerressourcen eruiert und berücksichtigt?
- Weist das Thema einen Bezug zu den Interessen der Schülerinnen und Schüler auf bzw. erfolgt die Themensetzung durch diese selbst?
- Fördern die Rahmenbedingungen Freiräume für selbständiges Tun und Ideen der Schülerinnen und Schüler, und ermöglichen sie auch Planänderungen?
- Sind Phasen vorgesehen, in denen mit den Schülerinnen und Schülern der Stand des Projekts reflektiert wird und die nächsten Ziele/Schritte gemeinsam bekräftigt werden?

*„Wenn sich die verschiedenen Institutionen und Akteure der Bildungslandschaft, wie Museen, Schulen, Universitäten, Verbände und Vereine vernetzen und gemeinsam Projekte für Kinder und Jugendliche gestalten, können ganz neue Rahmenbedingungen für Lern- und Entwicklungserfahrungen entstehen: Die Kombination der verschiedenen Kompetenzen und Methoden eröffnet neue Blicke und variantenreiche Zugänge."* **Traudel Weber, Hauptabteilung Bildung/Museumspädagogik, Deutsches Museum**

## b) Prozesse optimieren

Hohe Prozessqualität zeichnet sich dadurch aus, dass alle Projektbeteiligten die Kriterien für Projekte nicht nur gemeinsam entwickeln, sondern diese auch im Prozess gestalten, das heißt, sie auch überprüfen und gegebenenfalls korrigieren. Dabei spielen folgende Aspekte eine besondere Rolle:

- Flexibilität im Umgang mit den gesetzten Fragestellungen und Zielen und Anpassung an individuelle Begabungen und Interessen sowie besondere Situationen
- ständige Reflexion des Prozesses
- Benennung von Stolpersteinen und konstruktiver Umgang mit Problemen, Spannungen und Konflikten
- Einkalkulieren von möglichem Scheitern und Suchen nach konstruktiven Lösungen

Besonders wichtig ist es, sich von Beginn an darüber zu verständigen, dass sowohl der Qualität des Endproduktes wie auch der des Projektprozesses gleichermaßen Bedeutung beigemessen wird. Gerade wenn zwei so unterschiedliche Institutionen wie Schule und Museum zusammenarbeiten, muss offensiv thematisiert werden, ob die Beteiligten zwischen ästhetischer Qualität des Ergebnisses und prozessualer Qualität des Projekts einen Widerspruch sehen. Im Idealfall gelingt es, diesen aufzuheben, damit beide Aspekte ihre jeweiligen katalysatorischen Effekte entfalten können.

Als lernende Institutionen sollten Schule und Museum hierbei offen für Veränderungen sein.

### Checkliste

- Haben wir die Projektkriterien gemeinsam entwickelt?
- Haben die Beteiligten ihre jeweiligen Interessen am Projekt offengelegt? Sind die Kontexte für alle transparent?
- Haben wir unsere (evtl. unterschiedlichen) Erwartungen an Prozess und Ergebnis (ästhetische Qualität) thematisiert?
- Lässt das Projektdesign Veränderungen zu?
- Haben wir den Umgang mit möglichem Scheitern besprochen?
- Gibt es Kommunikationsregeln und -formen (z. B. einen „Jour fixe") ?
- Ist genügend Zeit für Reflexion der Projektarbeit eingeplant?
- Ist der Prozess gut durchdacht (Richtige Länge des Projekts, gute Rhythmisierung, Altersadäquatheit, Implementierung von Meilensteine, frühe Kommunikation von Schwierigkeiten)?

## c) Kompetenzen fördern

Die durch die aktuelle bildungspolitische Diskussion ausgelöste Orientierung an Kompetenzmodellen ermöglicht es, über Bildungsprozesse an der Schnittstelle zwischen Schule und Museum neu nachzudenken und mit einer veränderten Sichtweise auf solche Projekte zu blicken. Dabei verstehen wir Kompetenzen als individuelle Dispositionen, erlernbare kognitive Fähigkeiten und die Fertigkeiten, bestimmte Probleme zu lösen. Verbunden sind damit die Bereitschaft und Fähigkeit, Problemlösungen in variablen Situationen erfolgreich und verantwortungsvoll finden und nutzen zu können.

Erfahrungen aus schule@museum zeigen, dass Schülerinnen und Schüler durch die Projektarbeit im Museum ihre Sach- und Methoden-, interkulturelle und Sozialkompetenz sowie ihre personale Kompetenz, Medien- und Präsentationskompetenz deutlich erweitern konnten.

Werden die zunächst vor allem auf die Schule bezogenen Aspekte übertragen, stellen sich folgende Fragen:

- Gibt es eine Reflexion darüber, was die Schülerinnen und Schüler aus dem Projekt „mitnehmen" sollen (Outcome)?
- Kann dieser Outcome in den Kategorien Haltung/Disposition, Wissen/kognitive Fähigkeiten und Fähigkeiten/Fertigkeiten (Skills) beschrieben werden? Sind alle drei Kategorien berücksichtigt? Ist ihr Verhältnis ausgewogen?
- Lernen die Schülerinnen und Schüler etwas, das ihnen hilft, bestimmte Probleme zu regeln/zu lösen. Wurden solche Probleme und die für die Lösung nötigen Voraussetzungen, Haltungen und Fertigkeiten modellhaft behandelt? Wie ist die Relevanz dieser Probleme begründet?
- Fördert das Projekt die Selbst-, Sozial-, Methoden- und Fachkompetenz der Schülerinnen und Schüler?
- Gibt es eine „Übersetzung" in ein entsprechendes, auf diese Konzepte hin bezogenes Projektdesign? Wann sollen welche Aufgaben erledigt werden? Wie bilden diese Aufgaben welche Kompetenzen ab?
- Gibt es eine Form der (Selbst-)Evaluation, ob und welche Kompetenzen erreicht wurden (z. B. Portfolio, Projekttagebuch, Feedback-Gespräch)?
- Gibt es eine Anerkennung/Zertifizierung dieser Kompetenzen?

## d) Nachhaltigkeit anstreben

Die Nachhaltigkeit eines Projekts lässt sich anhand unterschiedlicher Faktoren zeigen:

- Die **Schülerinnen und Schüler** erwerben Kompetenzen (vgl. c), erfahren Selbstwirksamkeit und haben Spaß. Jugendliche erschließen sich durch das Projekt Museen und Ausstellungen als einen Teilort ihrer Lebenswelten.
- Die Leitungsebenen in Museum und Schule unterstützen die Zusammenarbeit und sichern durch Kooperationsvereinbarungen zwischen beiden **Institutionen** eine langfristige Zusammenarbeit. Das beteiligte Museum öffnet sich dauerhaft der Schule und bietet z. B. Räumlichkeiten, einen Platz auf der Homepage oder/und regelmäßige Treffen mit den Schülerinnen und Schülern. Schulen nutzen stärker den außerschulischen Lernort Museum, der zu einem integralen Bestandteil der Schulkultur wird. Kooperationen werden im Leitbild des Museums oder in das Schulprofil verankert, um langfristige Partnerschaften zu sichern und gegebenenfalls einzufordern.
- Das Projekt lässt sich wiederholen und besitzt **Modellcharakter**. Der Projektprozess ist in einer Dokumentation festgehalten und somit auch für potenzielle Interessierte weiterhin einsehbar.
- **Lokale Bündnisse**, die durch eine Kooperation mit Dritten entstehen und Netzwerkcharakter haben, stellen Verbindlichkeit für die Projektarbeit her, insbesondere, wenn langfristige Partner gefunden werden.
- Das Projektergebnis erreicht eine breite bzw. die anvisierte **Öffentlichkeit**.
- Projekte werden **evaluiert**, sofern eigene Ressourcen dafür vorhanden sind. Eine einfache Selbstevaluierung kann auf jeden Fall durchgeführt werden.

### Checkliste

- Welche Kompetenzen sollen bzw. möchten die Schülerinnen und Schüler im Projekt erweitern?
- Erhalten die Schülerinnen und Schüler einen Zugang zur Museumsarbeit?
- Haben die Schülerinnen und Schüler Spaß am Projekt?
- Sind die Leitungsebenen auf Museums- und Schulseite einbezogen und unterstützend?
- Existiert eine Kooperationsvereinbarung zwischen Museum und Schule? Geht diese über das laufende Projekt hinaus?
- Gibt es eine Vereinbarung zwischen Schülern und Projektleitung?
- Ist das Projekt auf Schul- oder Museumsseite an das Engagement bestimmter Personen gebunden und „hängt" damit das Projekt an diesen Personen? Wenn ja, was ist geplant, wenn diese ausfallen?

- Kann man das Projekt wiederholen (zum Beispiel mit nachfolgenden Klassenstufen)?
- Dokumentieren wir unser Projekt?
- Sind wir vernetzt? Sind unsere „Dritten Partner" von vornherein an einer langfristigen Kooperation interessiert oder zumindest offen für eine solche?
- Inwieweit wollen wir unser Projekt evaluieren?

### e) Netzwerke bilden

„Dritte Partner", externe Experten, vielleicht auch „ungewöhnliche Komplizen" vor Ort bereichern gemeinsame Projekte. Beispielsweise können eine Theaterregisseurin, ein Drogenberater, ein Künstler oder ein Sozialarbeiter bzw. die Experten des Museums, wie Restauratoren, Wissenschaftler und Hausmeister, neue Ideen ins Projekt bringen.

Durch die Vernetzung der Tandems untereinander, die Einbindung der Bildungspartner und die Betreuung durch den Steuerungskreis entstand bei schule@museum zudem ein „Dritter Raum" für Erfahrungsaustausch, Ideenentwicklung und Problembewältigung. In diesem Raum gelten nicht allein die Spielregeln von Schule oder von Museum, sondern hier müssen sich alle Partner verschränken. Außerdem kommt dadurch Verbindlichkeit in die Projektarbeit.

**Checkliste**

- Wo, wie und mit wem kann ein „Dritter Raum" für neue Spielregeln eröffnet werden?
- Wer kann als „Dritter Partner" – Experte, Berater, Unterstützer – gewonnen werden?
- Welche Organisationen/Institutionen/Unternehmen aus unserer Stadt/unserer Region kommen dafür infrage?

*„Museen sollten von der Gegenwart ausgehen und ihre Fragestellungen offenlegen. Schülerinnen und Schüler können sich dann aktiv mit den Inhalten auseinandersetzen und eigene Deutungen zur Diskussion stellen. So wird das Museum zu einem Ort der Kommunikation und der Verhandlung gesellschaftlich relevanter Themen. Professionelle Museumsarbeit und Partizipation greifen hier ineinander und sind kein Widerspruch mehr."* **Dr. Caroline Gritschke, Museumspädagogin, Haus der Geschichte Baden-Württemberg**

### f) Öffentlichkeit herstellen

Jeder Teilnehmende erfährt durch eine Präsentation des Projekts in der Öffentlichkeit eine besondere Wertschätzung: Ob durch die Schülerzeitung die Schulkameraden erreicht werden, durch das Lokalfernsehen und die Lokalzeitung ein regionales Publikum oder durch eine Homepage ganz Deutschland (bzw. die ganze Welt) – das Publikum soll das Projekt als etwas Besonderes verstehen. Phantasie, Ideen und Medienkompetenzen der Schülerinnen und Schüler können hier gut zum Einsatz kommen. Größtes Augenmerk ist sowohl auf die Präsentation der Ergebnisse als auch auf den Prozess der Veröffentlichung zu legen, damit die Rezipienten den Teilnehmenden Achtung und Anerkennung entgegenbringen. Deshalb ist darauf zu achten, dass ein ästhetisch gutes Produkt entstehen kann, ohne die Messlatte dadurch von Vornherein zu hoch anzusetzen. Den Schülerinnen und Schülern ist die jeweilige Wirkung und Bedeutung des Eintretens in den öffentlichen Raum zu vermitteln.

**Checkliste**

- Wie können wir unsere Ergebnisse in den öffentlichen (politischen) Raum transportieren?
- Welche Öffentlichkeit streben wir an (größere oder kleinere Öffentlichkeiten, Mitschüler, Eltern etc.)?
- Wer könnte herangezogen werden, um die Schüler bei der Öffentlichkeitsarbeit zu unterstützen?
- Wo und wie wollen die Schülerinnen und Schüler ihr Projekt bewerben?

## 2. Links und Literatur

Zu Qualitätsmerkmalen:
Helle Becker (Hrsg.): *Qualitätssicherung für kulturelle Bildungsangebote im Ganztag.* Expertise für das Projekt „Qualität in der Kulturellen Bildung" der Bundesvereinigung kulturelle Kinder- und Jugendbildung e.V. (BKJ), Essen 2010.
Unter: www.kultur-macht-schule.de/fileadmin/user_upload/Wissensbasis/HBecker_Expertise_QS_KB_Ganztag.pdf

Deutscher Museumsbund, Bundesverband Museumspädagogik (Hrsg.): *Qualitätskriterien für Museen. Bildungs- und Vermittlungsarbeit.* Berlin 2008.
Unter: www.museumsbund.de/fileadmin/geschaefts/dokumente/Leitfaeden_und_anderes/Qualitaetskriterien_Museen_2008.pdf

Kulturprojekte Berlin Gmbh (Hrsg.): *Kunst und Kultur in Berlin – was geht mich das an?* Eine Peer-to-Peer-Umfrage der Kulturprojekte Berlin GmbH, Berlin 2010.
Unter: berlinerprojektfondskulturellebildung.files.wordpress.com/2011/06/peer-to-peer-umfrage_web.pdf

Zu Kompetenzen:
Franz Emanuel Weinert (Hrsg.): *Leistungsmessungen in Schulen,* Weinheim und Basel 2001
und: www.bmbf.de/pub/zur_entwicklung_nationaler_bildungsstandards.pdf

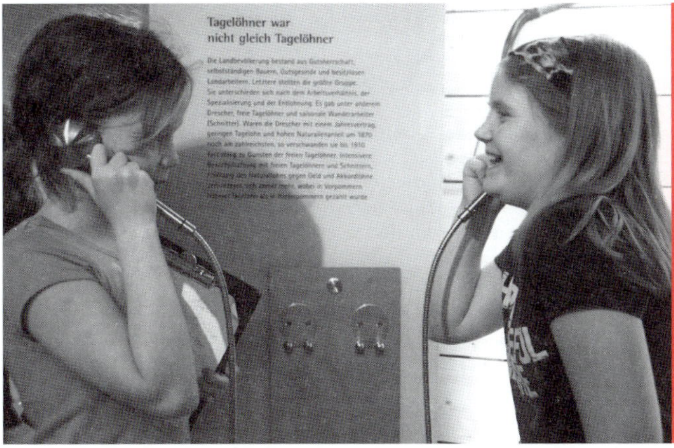


**Schülerinnen recherchieren selbstständig im Pommerschen Landesmuseum**

**Projekt:
Ich sehe was, was Du nicht siehst, Greifswald**

# Meine Welt im Sucher. Jugendliche als Fotoreporter

**Tandem**
Erweiterte Realschule Am Sonnenhügel, Völklingen
Historisches Museum Saar, Saarbrücken

**Beteiligte Fächer**
Ersatzunterricht für Religion; Deutsch, Religion, Naturwissenschaften, Arbeitslehre, Bildende Kunst

**Beteiligte Schülerinnen und Schüler**
15 Schülerinnen und Schüler der 6. Jahrgangsstufe

**Dauer**
Schuljahr 2010/2011

**Idee**
Schülerinnen und Schüler erstellen eine Fotoreportage zum Alltag von Kindern und Jugendlichen aus verschiedenen Kulturen. Sie entwickeln gemeinsam eine Ausstellung, die in der Schule und im Museum präsentiert wird.

**Good Practice**
Ziel des Projekts war es, dass die Jugendlichen mit und ohne Migrationshintergrund das Historische Museum als „kulturelles Speichermedium" kennen- und für sich selbst nutzen lernen. Zunächst erhielten die Schülerinnen und Schüler hierfür Einblicke in die klassischen Aufgaben des Museums: Sammeln, Bewahren, Forschen, Ausstellen und Vermitteln. Anhand ausgewählter Exponate lernten sie, genau hinzusehen und Gegenstände als historische Quellen zu erkunden. Daraufhin wurden sie in das Medium Fotografie und in die Fotoreportage eingeführt, um anschließend in Völklingen eigenständige Reportageprojekte zu selbst gewählten Themen aus ihrer Lebenswelt zu realisieren.

Für die Kooperation von Schulen und Museen ist dieses Projekt von besonderem Interesse, da es hier gelungen ist:

- die Schülerinnen und Schüler in der Vorbereitungsphase des Projekts mit der Arbeitsweise eines Museums vertraut zu machen und so ihre kulturelle Kompetenz zu schulen,
- durch die intensive inhaltliche Arbeit Kenntnisse und Wissen an die Schülerinnen und Schüler zu vermitteln, die dann dem eigenen Reportageprojekt zugute kamen,
- den Schülerinnen und Schülern durch die Vorgabe eines Themenrahmens mit Lebensweltbezug – „Meine Welt im Sucher" – einen Freiraum für eigene Gestaltung ihres Reportagethemas zu lassen, der zu Interesse und Produktivität führte.

## Eine interkulturelle Reise durch die gebaute Umwelt – Schüler und Schülerinnen entdecken Architektur

### Tandem
Hostatoschule, Frankfurt (Hauptschule)
Deutsches Architekturmuseum, Frankfurt

### Beteiligte Fächer
Deutsch, Mathematik, Kunst und Arbeitslehre

### Beteiligte Schülerinnen und Schüler
15 Schülerinnen und Schüler der 6. Jahrgangsstufe

### Dauer
Februar – Mai 2011; ein „Architekturtag" pro Woche und eine „Bauwoche"

### Idee
Schülerinnen und Schüler setzen sich mit Architektur in ihrem Umfeld (Schule, Stadtteil, Stadt) auseinander und vergleichen diese mit außereuropäischen und traditionellen Bauformen unter anderem auch ihrer Herkunftsländer. Am Ende bauen sie einen Pavillon für den Schulhof.

### Good Practice
Die Schülerinnen und Schüler sollten einen kreativen und praxisorientierten Zugang zu Architektur und gebauter Umwelt erhalten. Hierfür trafen sich die Schüler im Zeitraum von zweieinhalb Monaten an je einem Tag in der Woche mit den Museumsleuten und setzten sich meist an außerschulischen Orten mit Themen der Architektur auseinander. So wurden hier beispielsweise ein Architekturbüro, eine Baustelle oder Norman Fosters Commerzbank-Gebäude besucht und durch Experten erläutert. Die Theorie wurde immer von der Möglichkeit begleitet, das Erlernte praktisch in Zeichnungen, Modellen, Collagen, Texte, Fotos und Materialkisten umzusetzen. Die Schülerinnen und Schüler führten eigene Projektmappen, in der sie ihre erarbeiteten Ergebnisse sammelten. Ein Projekttagebuch fasste die Ergebnisse der einzelnen Projekttage zusammen. Schließlich bauten sich die Schüler in einer Bauwoche auf ihrem Schulhof einen eigenen Pavillon aus Bambus. Als Abschluss ihres Projekts organisierten die Schülerinnen und Schüler eine Ausstellung im Architekturmuseum, bei der sie ihre Arbeit präsentierten und die Besucher durch die Ausstellung führten. Die Kooperation wurde von Anfang an so konzipiert, dass das entstehende Projekt übertragbar ist. Die Durchführung des Projekts mit weiteren Schulen ist bereits in Planung.

Für die Kooperation von Schulen und Museen ist dieses Projekt von besonderem Interesse, da es hier gelungen ist:

- durch einen klar strukturierten Prozess unter anderem mit inhaltlichem Input, klaren Arbeitsaufträgen, aber auch kreativen Gestaltungsmöglichkeiten die Schülerinnen und Schüler für das Thema zu gewinnen,
- durch die produktive Bauaufgabe am Ende des Projekts die Schülerinnen und Schüler für das Thema zu motivieren und gleichzeitig ein nachhaltiges Ergebnis der Projektpartnerschaft im Schulgelände zu hinterlassen,
- durch die von Anfang an in die Projektkonzeption eingeplante Übertragbarkeit des Projekts nachhaltige Strukturen zu schaffen.

## Familiengeschichte(n) – Menschen und Migration in Minden

Tandem

Hauptschule Minden-Süd
Mindener Museum für Geschichte, Landes- und Volkskunde

Beteiligte Fächer

Wahlpflichtkurs Geschichte/Politik

Beteiligte Schülerinnen und Schüler

10 Schülerinnen und Schüler der 9. Jahrgangsstufe

Dauer

Schuljahr 2010/2011

Idee

Die Schülerinnen und Schüler erkunden – ausgehend von historischen Migrationen, die ihren Niederschlag in der Stadtgeschichte gefunden haben – ihre eigene Familiengeschichte. Die Ergebnisse werden in einer Ausstellung präsentiert und in Form von Dossiers in die neue Dauerausstellung des Mindener Museums eingespeist.

Good Practice

Die Schülerinnen und Schüler sollten im Projekt mithilfe von Fragebögen, Interviews, einem selbstgestalteten Familienstammbaum und Fotos ihre eigene Familiengeschichte erforschen, die in den meisten Fällen von Migration geprägt ist. Doch zeigten die Schülerinnen und Schüler des Wahlpflichtkurses anfänglich nicht allzu großes Interesse, sich im Projekt mit ihrer eigenen Herkunft zu beschäftigen, da sie dies als sensibles persönliches Thema verstanden. Der von der Projektleitung vorgegebene Lebensweltbezug des Themas traf nicht ihren Nerv. Stattdessen fokussierte sich jedoch während einer Stadtrallye zur (Migrations-)Geschichte Mindens das Interesse der Teilnehmerinnen und Teilnehmer auf die Plätze und Orte, an denen sie sich in Minden aufhalten und an denen sie sich heimisch fühlen. Daraus entstand ein zweitägiger Film-Workshop zum Thema „Mein Minden", bei dem die Schülerinnen und Schüler ihren eigenen Clip drehten und sich mit der Bearbeitung von Film- und Tonmaterial beschäftigten. Der Film wurde während einer Ausstellung in der Schule präsentiert und zusammen mit den Rechercheergebnissen dem Museum übergeben.

Für die Kooperation von Schulen und Museen ist dieses Projekt von besonderem Interesse, da es hier gelungen ist:

- ein von der Projektleitung gewähltes Thema mit scheinbarem Lebensweltbezug, das dennoch nicht auf das Interesse der Schülerinnen und Schüler stieß, partizipativ weiterzuentwickeln,
- dass die Projektleitung ihr eigenes Vorgehen hinterfragte, korrigierte und diesen Prozess gemeinsam mit den Schülerinnen und Schülern gestaltete,
- durch die Korrektur des Projektprozesses auf die Interessen der Schülerinnen und Schüler einzugehen, was zu einem neuen, ungeplanten, aber umso produktiveren Ergebnis führte.

## Synergie fürs Kraftwerk

Tandem

Carl-von-Bach-Gymnasium, Stollberg
Bergbaumuseum Oelsnitz/Erzgebirge

Beteiligte Fächer

Freiwillige Kultur AG; Kunsterziehung, Informatik, Musik, Medienkompetenz

Beteiligte Schülerinnen und Schüler

10 Schülerinnen und Schüler der 8. und 9. Jahrgangsstufe

Dauer

Schuljahr 2010/2011

Idee

Schülerinnen und Schüler untersuchen die vergessene Industriebrache eines nahegelegenen Kraftwerkes, rücken diese mit Mitteln der modernen Kunst und museumspädagogischen Aktionen ins Bewusstsein der Öffentlichkeit und zeigen nachhaltige Nutzungsmöglichkeiten auf.

Good Practice

Die stark vom Bergbau geprägte Region verlor mit Stilllegung der Förderung ihre wirtschaftlichen Grundlagen. Während die älteren Generationen im Erinnern verharren, sucht die Jugend ihre Identität zwischen Vergangenheit und Zukunft. Sie sehen die stillgelegten Gebäude, betreten sie teilweise unerlaubt in ihrer Freizeit, haben aber mit der Idee der Umnutzung erstmals eine Chance, sich künstlerisch auszuprobieren, etwas für die eigenen Zukunftswünsche zu bewegen und dabei auch Verantwortung zu übernehmen. Um Ideen für die Wiederbelebung der nahe gelegenen Industrieruine zu sammeln, unternahmen die Mitglieder der Kultur AG der Schule eine Studienfahrt ins Ruhrgebiet und besuchten die Zeche Zollverein. In einer Schulprojektwoche wurde dann in mehreren Gruppen gearbeitet: Es wurden historisches Material zu dem ehemaligen Kraftwerk gesammelt und ausgewertet, Modelle für eine Ausstellungsgestaltung erstellt und Vorschläge für eine künftige Nutzung des Kraftwerks mit künstlerisch gestalteten Großfotos entwickelt. Eine Internetseite dokumentierte die Ergebnisse dieser Projektwoche in Wort, Bild und Ton. Die Modelle für die geplante Ausstellung sind bis zur endgültigen Ausstellungseröffnung im Museum ausgestellt. Bei der Eröffnung des neuen Museumskomplexes hat dieses Thema eine Vielzahl von Gästen, insbesondere auch kommunale Entscheidungsträger, erreicht. So hat das Projekt die Zukunft des verfallenden Kraftwerks wieder in das Blickfeld der lokalen Öffentlichkeit gerückt.

Für die Kooperation von Schulen und Museen ist dieses Projekt von besonderem Interesse, da es hier gelungen ist:

- durch die Bearbeitung eines gesellschaftlich relevanten Themas – das leerstehende Kraftwerk, das die radikalen Veränderungen der Arbeits- und Lebenswelt vieler Menschen vor Ort symbolisiert – einen Bezug zur Lebenswelt der Jugendlichen herzustellen und sie aktiv in einen Gestaltungsprozess einzubinden,
- die Schülerinnen und Schüler durch die Arbeit an einem aktuellen Thema mit gesellschaftlichen und politischen Strukturen und Abläufen vertraut zu machen,
- durch die Präsentation der Projektergebnisse im Museum eine Öffentlichkeit herzustellen, die die Arbeit der Schülerinnen und Schüler ernst nahm, honorierte und einen Diskurs in der Gesellschaft auslöste,
- die langfristige Zusammenarbeit zwischen den beiden Partnern derart zu festigen, dass sie in einer Art Vernetzung eine Basis für nachfolgende Projekte darstellt.

## Forderungen

Die an dem Projekt schule@museum beteiligten Fachverbände, der BDK-Fachverband für Kunstpädagogik, der Bundesverband Museumspädagogik sowie der Deutsche Museumsbund kommen nach den Erfahrungen der Projektlaufzeit von sieben Jahren zu der Überzeugung:

**Jeder Jugendliche bis zur 9. Klasse muss in seiner Schulzeit ein Projekt in Kooperation mit einem Museum erlebt haben. Denn die Auseinandersetzung mit den originalen Objekten und authentischen Zeugnissen im Museum ermöglicht den Jugendlichen, die Vergangenheit zu reflektieren, die Gegenwart zu begreifen sowie Bezüge zur eigenen Lebenswelt herzustellen und der eigenen Identität nachzuspüren. In kreativen Lernprozessen erwerben sie Wissen und Kompetenzen, die sie in ihrer Persönlichkeitsentwicklung stärken und die sie für ihr künftiges Leben besser qualifizieren.**

Die schulische Realität ist von dieser Vorstellung noch weit entfernt! Deshalb wenden sich die o.g. drei Fachverbände mit folgenden Forderungen an die Verantwortlichen der (Kultur-)Politik, damit langfristige und nachhaltige Kooperationen zwischen den Institutionen Schule und Museum überhaupt ermöglicht werden und regelmäßig stattfinden können.

### 1. Rahmenbedingungen

Um kulturelle Bildung als festen Bestandteil im schulischen Alltag verankern zu können, bedarf es folgender Rahmenbedingungen:

- grundlegende Unterstützung durch die Leitung der jeweiligen Institution,
- ausreichend Lehrkräfte für kleinere Schülergruppen,
- qualifizierte museumspädagogische Fachkräfte an den Museen,
- Raum und Zeit für Kreativität.

### 2. Vernetzung und Transparenz

Starke Bündnisse müssen geschaffen werden. Dies erfordert eine

a. Institutionalisierung und Vernetzung zwischen den zuständigen Ressorts auf Bundes-, Länder- und kommunaler Ebene im Bereich Schule und Museum (z. B. runder Tisch Kultur, Bildung, Soziales, Wissenschaft),

b. Sicherung des Wissenstransfers zwischen staatlichen und zivilgesellschaftlichen Akteuren mit dem Förderprofil Schulen und Museen (Ministerien, Stiftungen, Firmen).

### 3. Finanzielle und personelle Ressourcen

Für die kulturelle Bildungsarbeit zwischen Schulen und Museen müssen

a. Personalstellen auf Schul- wie auf Museumsseite sichergestellt bzw. ausgebaut werden,
b. adäquate Bezahlung von qualifiziertem Personal gewährleistet werden,
c. entsprechende Finanzmittel für Sachkosten vorhanden sein.

### 4. Institutionelle Ressourcen

Für die Koordinierung von Projekten zwischen Schulen und Museen braucht es

a. die Einrichtung von Servicestellen auf Landesebene, die die Zusammenarbeit von Schulen und Kultureinrichtungen – so auch Museen – koordinieren und unterstützen und ggf. „dritte" Partner vermitteln,[3]
b. den Ausbau und die Pflege von Internetplattformen für Schulen und Museen zur Information und den schnellen Zugriff auf aktuelle Angebote.[4]

### 5. Zeitressourcen

Kulturelle Bildungsarbeit lässt sich kaum in die Stunden-Taktung der Schule integrieren. Daher braucht es

a. in Schulen: vor allem für Projektarbeit von Schulstunden losgelöste Zeitkontingente,
b. in Schulen: eine zeitliche Freistellung von Lehrerinnen und Lehrern für die Zusammenarbeit mit Kulturinstitutionen,
c. in Museen: Projektarbeit mit Schülerinnen und Schülern als Bestandteil der Museumsarbeit.

### 6. Qualifikation

Qualifizierte Vermittlung muss auch bei der kulturellen Bildung Standard werden. Daher ist

a. kulturelle Bildung in der Lehrer- und Erzieherausbildung an Universitäten und Fachhochschulen zu verankern,
b. ein Austauschprogramm von Lehrerinnen und Lehrern in Kultureinrichtungen und umgekehrt von Museumspädagoginnen und Museumspädagogen in der Schule zu ermöglichen (z. B. Hospitanz in der jeweils anderen Einrichtung).

### 7. Strukturelle Maßnahmen in den Institutionen

Strukturen schaffen Verbindlichkeit. Daher braucht es

a. eine Verankerung von Museumsprojekten in Curricula und Schulabläufen,[5]
b. die Ernennung von Kulturbeauftragten als Ansprechpartnern in Schulen,
c. die Entwicklung von Schulen mit einem speziellen Kulturprofil,

d. Rahmenvereinbarungen für die Zusammenarbeit zwischen Schulen und Museen,[6]
e. die Etablierung einer Anerkennungskultur von Schülerinnen und Schülern für ihre Teilnahme an Kulturprojekten.[7]

### 8. Kostenloser Zugang zum kulturellen Erbe

Die Schulausbildung ist kostenlos – auch kulturelle Bildung für Schulen muss kostenlos zur Verfügung stehen. Dies erfordert:
a. freien Eintritt von Schulklassen, Schülerinnen und Schülern sowie Lehrkräften in öffentliche Museen bei entsprechender Gegenfinanzierung,
b. Unterstützung von Fahrtkosten zum Museum insbesondere für Schulen in der Region.[8]

Die drei beteiligten Fachverbände, der BDK-Fachverband für Kunstpädagogik, der Bundesverband Museumspädagogik sowie der Deutsche Museumsbund, stehen den politisch Handelnden bei der Umsetzung dieser Forderungen unterstützend zur Verfügung.

## Fußnoten und Anmerkungen

1 www.unesco.at/bildung/kulturbildung_roadmap_de.pdf

2 Mit Blick auf die bessere Lesbarkeit des Textes wurde im Folgenden nicht in allen Fällen die weibliche und die männliche Form aufgeführt. Wenn nur die männliche Schreibweise genannt wird, bezieht diese selbstverständlich die weibliche mit ein.

3 Beispiele hierfür sind auf Bundesebene: www.kunst-in-schulen.de; auf Landesebene: www.kulturprojekte-berlin.de/projektfonds; in Österreich: www.kulturkontakt.or.at/de/kulturvermittlung-mit-schulen sowie ein Modellprogramm in fünf Bundesländern: www.kulturagenten-programm.de

4 z. B. www.schule-museum.de und www.museumbildet.de

5 z. B. Bonner Museumscurriculum für Grundschülerinnen und Grundschüler sowie der sog. „Unterrichtsgang" im Saarland als außerunterrichtliche Schulveranstaltung, der zeitliche Flexibilität durch das Zusammenfassen mehrerer Unterrichtsstunden z. B. für ein Kulturprojekt schafft

6 Kunstmuseum Wolfsburg

7 z. B. durch eine Zertifizierung oder ein Portfolio für Schüler, die auch bei der Benotung eines entsprechenden Faches Berücksichtigung finden

8 z. B. „Wallraf der Museumsbus" fährt Schulklassen in Köln und rund um Köln kostenfrei ins Wallraf-Richartz-Museum und zurück: www.museumsbus.info